平凡社新書
991

新版
ぎりぎり合格への論文マニュアル

山内志朗
YAMAUCHI SHIRŌ

HEIBONSHA

新版　ぎりぎり合格への論文マニュアル●目次

はじめに

この本の目的は、論文も小論文も書いたことがない人のために、論文の書き方のコツを教えることだ。ここまでは珍しいことではないだろうが、この本に特徴があるとすると、私は落第論文の名手ということだ。二度も論文で落第しているのである。二度ぐらいでいばるなと言う人もいるだろうが、その後もいろいろこけているから「論文の反名人」という点で折り紙付きである。上手にものを教わるというのはよくあるが、下手にものを教わるというのは貴重である。

世間には、『論文の書き方』と題した本は、数え切れないほどたくさん出版されている。類書が多くあるなかで、この本の狙いは、「よい論文」の書き方を伝授するものではない。落第しない論文、不合格にならない論文を書くにはどうすればよいのか、つまり、論文の最低レベルを伝授しようというものである。

論文といってもいろいろあるが、ここで考えているのは、さまざまな試験で出される小論文、大学の授業で課されるレポート・論文、大学の卒業論文（卒論）といったものまで考えている。論文と小論文の違いは、また後で論じることにするが、論文の短いのが小論文ということではない。

著者は大学の教員ということもあって、大学に入ろうとする者、大学生、大学で勉強している社会人、子育てや仕事を卒業した後、生涯学習ということで大学で学んでいる人たちが、「論文」といわれるものに苦労している姿を見ているし、私自身さまざまな仕方で指導に携わっている。特に、最近は入学試験の多様化ということで、社会人入試が取り入れられ、その際、小論文を課す大学も増えてきた。小論文の花盛りである。そういう環境のなかにいると、独断と偏見に満ちていてもいいから、私自身の経験を踏まえた実践的論文教本を書きたい気持ちになってきた。

要するに、この本は、よい論文を目指している人にとっては役に立たない代物である。あくまで、ひどくない論文を書こうとしている非優等生のための論文指南書、不合格にならないための論文入門である。本音を言うと、「よい論文」を書くためのマニュアルがあると困る。もしあったら、すぐに禁書にする必要がある。大学の先生や学者が廃業に追い込まれるからだ。

そして発売されてしまった

と、当初の前書きを載せてみた。この本は予想していなかったのだが、売れてしまったのである。『ぎりぎり合格への論文マニュアル』(以下『ぎりぎり合格』と略記)は、発売されて間もなく、書評やら新聞記事や週刊誌でも矢継ぎ早に取り上げてもらった。地方局のテレビにも呼ばれてしまった。論文執筆法の本は山ほどあるが、笑える本は少なかったということもあるし、論文で失敗した人間が書いたということが珍しかったのだろう。いや、いまでも珍しいような気がする。二〇〇二年度には大学生協売り上げベスト六位に入った。

すぐさま「印税をたくさんもらったでしょ、ぎりぎり御殿が建ちそうだ」と言われたが、そんなにおいしい話は転がってはいない。論文を書き損ねて、借金を背負い込むことになった。借金を返したら帳消しになった。論文を書き損ねてこしらえた借金と、それをネタにして書いた論文マニュアルの印税がほぼ同額だったのである。天の配剤なのだろうか。あらかじめそういう展開を見越して、最初に失敗論文を書いたのであっても、手元に何も残らないのだから、褒められた所業ではない。

なお、この『ぎりぎり合格』が売れた後に、論文の書き方本がたくさん刊行された。読みやすいものや面白いものなど本当にたくさん出された。そのなかでも特筆すべきものが、戸田山和久『論文の教室』（NHKブックス、二〇〇二年）である。戸田山本はなかなかすごくて、売れ行きでは遠くかなわなかった。しかし、自慢できることがある。それは、『ぎりぎり合格』の刊行が時間的に先である。『論文の教室』は二〇〇二年一一月、『ぎりぎり合格』は二〇〇一年九月なのである。早く生み出されたから一応兄貴分である。早ければよいわけではないが、笑える論文執筆法で先駆けたのは、『ぎりぎり合格』の方であったのである。

それにまた、「すぐに使えるフレーズ集」（原版『ぎりぎり合格』一八二―一八八頁）のところに「論文らしい言い換え」ということで、いろんな例を載せておいた。特にその最後のところに書いた「言い換え一覧」のところが、いろいろとパクられてネットに無断使用されている。そんなに意外ですか？　コンパでよく話題にするでしょ、というノリだったのだが、パクられまくりで至るところに出てくる。

さらにまたある新書では、無断でそのまま使用された場合もある。盗作で訴えても面倒なだけなので、廃版にしたうえ、新版では明記してもらう処置で済ませた。私としては、「だれでも気づいていることでしょ、よくあることでしょ」というつもりで書いたのだった。私のオリジナルと自慢できるほどのものではないと思っていたが、あれだけ拡散したということは、オリジナルで意外で面白かったということらしい。特許に申請しておけばよかったのだろうか。いやいや、そういうことが思いつくぐらいだったら、論文でも何度も失敗しませんよね。

今回新版を出すにあたって、どうしようもなく古くなったところは割愛し、時代の変化に即応して書き加えた。『ぎりぎり合格』では、論文のアウトライン、構成法などが弱かったので、その辺は補強した。使えることわざなども付加した。『ぎりぎり合格』の初版刊行時にも「ATフィールド」が出てきて注目されたが、今回も、『シン・エヴァンゲリオン劇場版:||』が公開され、大評判になった。基本的には、庵野秀明氏の『エヴァンゲリオン』作品へのオマージュを込めて、『シン・ぎりぎり合格への論文マニュアル』とでも名乗ろうかと思ったが、パクリがはなはだしいのでやめることにした。柳の下にドジョウは二匹はいないからね。

第一章　論文は楽しい

論文を書かせる仕事

さて、文章を書き続ける生活をしていると、酒量が増えるばかりでなく、被害妄想や胃痛や頭痛やらに見舞われる。この正月には、胃潰瘍になりかけた（ホント）。私も論文も文章も書かないで遊んでいる方がずっと楽しい。とは思いながらも、「論文を書いてください」と頼まれると、根がオメデタイので、考えもせず、「いいですよ、書きますよ」と答えてしまう。返事を出してすぐ、とりわけ次の朝起きたときに、引き受けなければよかったと後悔する。この本も例外ではない。「何とかもおだてりゃ木に登る」ということわざがある。私自身はいつも「木登りブタ」の心境である。

こういう気持ちを一年中感じていながらも、卒業論文の指導教官として、学生に論文を書いてもらわねばならない立場にもある。つまり、論文を書かねばならないと同時に、論文を書かせねばならぬ立場にあるわけだが、そういう立場にいる以上、論文を書くのはツライ、書きたくないと言ってもいられない。そこで、良心の呵責を多少感じながら、卒論を書く学生に、「卒論を書くのは単位や卒業のためではない。苦労して完成したときには達成感が得られるし、自分が成長することにもなる、完成したときの喜びは何ものにも替えがたい」と顔を引きつらせながら激励することになる。

もちろん、論文を書く立場と、論文を書かせる立場とでは事情がずいぶん違う。学生にはもう少しだと激励しつつ、自分の論文ではダメだもう書けないと絶望したりするのは日常茶飯事である。

だが、そういう両方の立場を行ったり来たりしていると、論文を書くためのテクニックとか心得が自然と身についてくる。そういう経験上身につけた能力を「ハビトゥス(habitus)」と言う。そういう経験上身につけた技がないと論文指導も論文執筆もできるはずがない。それで毎年、指導している学生一人一人にそういった心得みたいなものを何度にもわたって伝授することになる。学生の困った顔を見ていると、「よくまあ自分でもしゃべるよ」というぐらい、論文を書く気力を引き起こし、論文のコツを教授するのが常である。人生の教訓と同じで、失敗した人間の言葉は説得力があるのかもしれない。

ただし、毎年一〇人弱の学生を世話して、同じことを繰り返し話し、そういうのを一〇年も続けていると、自分が壊れたレコードプレーヤーの生まれ変わりではないか、という気持ちにもなる(あっ、レコードプレーヤー見たことありますか? 最近レコードは復活しているらしいから説明しなくても大丈夫ですね)。仕事だから文句を言ってはいられないのだが、マニュアルみたいなものがあれば少し楽になるのではないかと思っていた。

学生を指導する立場だけの問題ではない。「論文の条件とは何か、よい論文とは何か」、ということになると、大学の教官でも皆が同じ認識を持っているわけではない。工学、数学、歴史学、法学などと分野が違えば、そのあたりの認識が違ってくるのは当然だが、同じ分野でもなかなか共通認識は成立しない。例えば、哲学の分野でもよい論文とは何かとなると、共通の基準はできないし、よい論文といってもずいぶんと幅がある。ただし同業者同士で「よい論文とは何か」なんて恐ろしくて話題にできない。暗黙の共通認識の上で会話がなされるから、「てにをは」の使い方のニュアンスで、「オレの論文だ」「あの論文のことか」と分かってしまうからだ。

学生の卒業論文だとお互いに刃が向く心配がないから、共通の話題にできるのである。とは言いながらも、毎年卒業論文の締め切りに近くなると、論文の合否や成績の基準をめぐる話が教官の間で話題になるのだが、なかなか話はまとまらない。素直に何度もアドバイスを求めに来る学生の論文を教員は高く評価しがちで、いくら優秀でも反抗的な学生の論文は高く評価しないのが、世の常なのだ。

よい論文とは何かはさておき、せめて悪くない論文を書くためのマニュアルは自分のためにも学生のためにもあると便利だ。ストレス発散、長生きの素《もと》である。たしかに、論文の書き方に関する本はたくさん出ている。しかし、自分の指導経験から言うと、アプリケーションソフトのマニュアルのような、いろいろ書いてあるが、読んでも結局分からない本はたくさんあるのに、学生が論文に行き詰まったときに書く元気を与えてくれる本はあまりないようだ。そこで、論文指導しているときに実際に講釈している事柄、書くと差し障りがあって、書かれざるべきことまで含めて、裏技も書くことを思いついたのだ。昔『サルでも描けるまんが教室』（略すと「サルまん」）というのがあったが、この本はさしずめ「ブタでも書ける論文入門」（略すと「ブタ論」）である。

論文の落第生

論文を書くのはそれほど難しくはないことだと言ってみたいところだが、そうはなかなかいかない。私自身は、一応研究者だから論文を書くことが仕事だし、教育者でもあるから、論文指導をすることが、仕事の重要な一部となっている。ところが不幸なことに（幸いなことに?）、「論文の書き方」の類を一冊も読んだことがないのである。本屋で手に取ったことはあるのだが、「なんて論文を書くには決まりごと・規則が多いのだろうか、これでは、とても私にはまともな論文は書けそうにもない」と絶望したことがある。結局、買わないで済ませて今まで来てしまった。おかげさまで、絶望の底にも、しっかり二段重ねで、絶望が待ち受けていることが分かった。

そういう人間が、どういう因果か、三年間も予備校で小論文の指導をしたこともある。

「論文の書き方」を読んだこともない人間が論文の書き方を教えたのである。私も迷惑だったが、私の授業を受けた学生の方はもっと迷惑である。

今回は心を入れ替えて、これだけ「論文の書き方」の類《たぐい》がたくさん出ているのだから、きっと『論文の書き方』の書き方」、『論文執筆法の執筆法』という本もあるはずだと探した。大学内の書店の棚に行って探すと論文執筆法が山のようにある。したがってそういう本の書き方を記した本は売れるはずだ。だから少なくとも一冊は『論文マニュアルの書き方』もあるはずだと探したが、結局見つからなかった。『ベストセラーの書き方』という本がベストセラーにならないのと同じ原理が働いているためかもしれない。

それはともかく、論文を書くのに、そういう本を買わないで済ませようとすると、報いは必ず来る。そして、私にも報いは来た。論文の書き方をまったく読まないで書いた初めての卒論は、「これは論文になっていない」と突き返され、その挙げ句、次の年にまた書かねばならないはめに陥った。論文の形式を全然守らなかったのである。論文の書き方も、他人の卒論やこれまでの卒論を調べないで書いたためだ。

ここはまだ論文の定義を述べるところでもないが、「論文」というのは、エッセイでも感想文でも論説文でもない。いくら世紀の大発見となる内容が書いてあっても、論文の形式に収まっていなければ論文ではない。言い換えると、論文の形式になっていない文章は、とになる。イタリア料理店でパスタを頼んで、かけそばが出てくれば、いかに美味しいかけそばであろうと突き返されるのがオチである。ところが、論文の場合でも、「かけそば」を提出する人間がかなりいる。「こんなに美味しくてどうしてダメなんですか」と言われても困る。論文の形式に収まっていないものは、論文ではないのだ。

少し話を進めよう。仕事柄、悪い卒論・論文というのは山ほど読んでいる。学者が書く論文にもひどいものは多いけれど、大学生が書くものは、それまでまともな文章をあまり書いたことがないこともあって、感心するほどにヒドイものも多い。

しかも、慢性化する場合もあるので注意が必要だ。私も慢性患者であった。卒論で一回落第したのに、懲りもしないで、修士論文でもまた落第したのである。大学にも六年間授業料を払い、大学院にも六年間授業料を払った。のべ一二年間授業料を払ったわけだ。よくよく数えてみると、ちゃんと三回も落第しているのである。普通、こういうことを繰り返す人間は少ない。そして、こういう恥ずかしい過去を自慢気に書く人間となるともっと珍しい。ほとんど病気である。こういう人間でもいつかは論文を書ける（論文になっていないとも言われるが）ようになることは、強調しておこう。「失敗は成功のもと」と言うではないか。

ではなぜ、私の卒論は落第だったのだろうか。目次や副題がなかったのはよいとしても(もちろんよくないが)、章と節の構成になっていなかったのである。さすがに、章はつけたが、節を分けないで、

・これまでの研究書によれば……

・しかしながら、新しく刊行されたテキストによれば、……

・したがって、これまでの解釈は……

というように、「・」で始まる文章を書き連ねていってしまったのである。いわゆる「箇条書き」というやつである。よくまあ、そんなものを論文として提出したものだと我ながら感心するが、やはり知らない者は強い！　論文の書き方なんて授業はなかったし、一度も指導をしてもらわなかった。題目提出の書類の印をもらいにいったことはあったが、内容についても論文の書き方についても教わらなかったし、論文執筆法も読んでいなかったのである。なんか無鉄砲な野武士のようだ。

いまでも私のような「強者《つわもの》」が少なくない。そういう学生を見ると、私の過去を自慢してしまう。だが、「へえ、それでも大学の先生になれるんですね」と感心されて、いやは

やなんとも、私は落ち込むことになる。

とまあ落ち込んで、梅棹忠夫『知的生産の技術』（岩波新書、一九六九年）をいま頃になって読んでみると心強いことが書いてある。梅棹先生によると、論文執筆を指導する大学教官が論文下手ということはよくあるのだという。この私のように。原稿の書き方を知らないのは学生ばかりでなく、大学の先生もそうだというのは昔からのお約束である。

じつは、［おそまつな例は］わかい学生諸君にかぎらないのである。こういうことをあからさまにかくべきではないかもしれないが、先生がただって、そうとうのものなのだ。わたしは、いくつかの学術雑誌や論文集などの編集をしたことがあるから、そのへんのことがある程度わかっているのだが、りっぱな学者で、ほんとうにおどろくべき原稿をよこすひとがある。やっぱり原稿というものの基本的なルールもなにもわかっていないのだ。

（梅棹忠夫『知的生産の技術』、岩波新書、一七八―一七九頁。［　］は引用者による補い）

と梅棹先生も申しておる。ああ、耳が痛すぎる。「りっぱな学者」でさえそうなのだから、そうでない学者は言うに及ばずである。屁理屈の反論としては次のように言える。高校のときの国語の副教材で使われる国語便覧にはちゃんと原稿用紙の使い方、原稿の書き方が書いてある。しかし、厚すぎるので枕には適しているが、読むのには適していない。だからいくら原稿用紙の使い方を書いたとしても、人々には伝わらないのである。原稿用紙の使い方をだれも知らないとお嘆きの貴兄には、枕向きの本と読書向きの本の違いを知るのが健康上はよい。

教科書も研究書も厚きがゆえに尊からず、厚いと読まれないから、と負け惜しみを言いつつ先に進む。

第二章　論文の基礎知識

卒論を書く学生と指導教官の立場は、執筆者と編集者の立場と同じである。編集者が「今度の原稿は勉強不足のやっつけ仕事で面白くない」とか「アンタ、オレよりバカだね」と本音を言ってしまったり、ていねいに原稿を読んで誤りをいちいち訂正してあげたりすると、ケンカになるのがオチだ。よい編集者は、ツマラナイ原稿でも「いやあ、面白いですね、すばらしい」とおだてておいて、「ここ、少し書き直してもらえませんか。もっとよくなりますから」と言いながら、それを何回も重ねて全部書き直させるものだ。事実を記述する言明は不要なのである。教育とは、現在における事実の次元での営為ではなくて、未来に向けての事実を生成させる次元での創造的行為なのである。新たな人材養成業が教育であるわけですね。研究者の仕事は生きているうちにも古びて考慮されることがなくなる。しかし、新しい若手の人材は常に財産であり、その学問の生命ですから。

ということは、指導教官の立場は編集者と同じであって、「学者の良心」に基づいて指導しようとすると、ロクなことにならない。間違いを全部指摘したり、現在の学問水準を教えてそこを目指せと指導することは、かえって逆効果になりやすい。ケンカになるどころか、アカハラ（アカデミック・ハラスメント）ですよね。教育とは真実を述べる営みとは別の空間で繰り広げられる営みである。「君には哲学の才能がある」と言われて、それが実は答案が一枚ずれて起こったことでも、お世辞でしかなくても、なぜか哲学者になってしまうこともあるものだ（私のことか？）。

他人（学生）に厳しく、自分には甘い人も多いが、他人（学生）に甘く、自分に厳しいというのも一つの方策なのだ。教育者の仕事はブタを木に登らせることなのだ。そして、ブタも木に登ると麒麟《きりん》になったりする。それを信じて、ブタも木登りを目指すのだ。その際、木に登った立場にいる者が、「私にもできたから君にもできる」と激励するのは、謙遜しているようで、実はかなり傲慢だし、しかも初歩的な間違いだろう。技術や知識の落差がある場合、言葉の正しさの尺度は「真理」の内にはない。

それればかりではない。文章を執筆する際には、作品を作成する過程と作品が出来上がった結果とでは、違った原則が適用されるべきなのだ。言い換えると、規則は刃物であり、使い方次第で生かすものとも殺すものともなる。大事なのは規則の適用（application）であり、規則を使いこなすことは、規則を振り回すことではない。

そこでまず論文を書く前に押さえておいてほしい事柄を記しておこう。

論文とは何か

「論文」とは、「何かを論じる文章」のことだ。これでは安い国語辞典の説明みたいだが、考えないといけないところがいっぱいある。「論じる」とはダラダラ書くことではない。

茶飲み話やおしゃべりを文章にしても、論文にならない。特定の形式に従って叙述することだ。その形式を守らなければ論文にはならない。「論じよ」と設問に出すと、「論じるとはどういうことですか」と質問してくる学生が多いので、案外「論じる」ということは理解されていないらしい。

毎年学生に言っていることなのだが、論文とは本の内容をまとめることではない。カントの『純粋理性批判』の感性論で卒論を書くとしても、内容を理解して、それをまとめることではない。カントの本は、論文の形式を備えているし、すばらしい論文の形式を備えているのだが、それをまとめても論文にはならない。立派な論文・著書を読んで、「私には付け加えることはありません、すばらしい内容ですので理解して、整理したいと思います」という殊勝な心掛けで卒論に取り組む人は偉い。しかし、論文を書くことについて基本的な思い違いをしている。論文とは、問題・問いを設定し、その問いに対する答え・解決を提示することだ。内容を理解して、それを整理することはAIの得意分野だ。人間が人間として取り組むのは、名著の内容を一部分取り出してくることではなく、自分が知りたい事柄を問題として立ち上げ、問題に解決可能性を与え、その方法を準備し、自分の課題を自分自身で理解し深め、問題意識の原点に立ち戻り、自分自身を再発見することなのだ。論文を書くというのは、創造的行為であり、知的技術を鍛錬し、自分を発見する行為なのだ。だからこそ、卒業論文が大学生活四年間（私はもっと長く滞在したけれど）の総括になるのだ。内容をまとめるだけだったら、自分は寝たままでＡＩにやらせておけばよい。論文というのはさまざまな条件を満たしてこそ論文なのである。とはいえ、論文の守るべき形式をここで長々書くと元気がなくなりそうなので、まずは要点だけ書いておこう。

論文を構成するものはたくさんあるが、

①《問題意識》
②《問題設定》
③《分析・論証》
④《結論》

と分けてみよう。

まず、誤解しやすいので注意しなければならないのは、「結論が出ないんです」とか「結論が単純なので何をどう書いたらいいか分かりません」とかいうように、④《結論》にこだわるのは大間違いということだ。極論すると、結論などまったくどうでもよい。「馬に饅頭」である（こういう新しいことわざを勝手に作ってはならないぞ）。なくてもよいし、従来の説の確認でもよい。オリジナリティなどまったく不要である。若いときは自分らしさやオリジナリティを求めたがるが、そういうのは、逆にみんな考えることでワンパターンで没個性的である。オリジナルであろうとすること自体は、オリジナルなことではまったくない。禅問答めいてくるが、オリジナルを求めないときにこそオリジナルなものが生まれる。要するに、他人の物真似で結構である。模倣、しかも徹底的な模倣こそ、オリジナリティの源泉である。盗作はもちろんダメだが。論文の④《結論》のオリジナリティに気をつけなければならないのは、論文を書くプロ（学者）だけである。

文章を制御し、ある結論を効果的に導き、そこに斬新さを盛り込めるのは、論文技能を十分に備えたエキスパートだけだ。エキスパートは最初の文を書き出すと、最後の結論が見えてくるのだ（もちろん、私にそんな経験はない）。そういった上級論文の世界では結論は重要だが、卒論や小論文のような初級論文の世界では、結論はどうでもよいし、評価基準も結論に置かれない。初級者が上級論文を書こうとするのは一〇年早いのである。

まず、①《問題意識》を見つけなければならない。手軽で、これまで研究がなされていなくて業績が上げやすいテキストは何か、というのでもよい。できるだけ楽をしたい、というのでもよい。こういう連中は扱いが楽であるし、安心して見ていられる。しかも、目的に対して合理的な行為を選択していく習性が身についているので、精神的な面でも大丈夫である。社会人として立派にやっていける。

困るのは、①《問題意識》に関して、マジメではあるのだが、「何をやったらいいのか分かりません」、興味のあることはないのかと聞かれて「特に興味のあるものはありません」という学生である。高等学校まで言われたことをひたすらマジメに「勉強」してきた学生に多い。へたをすると、社会に出ることができぬまま、学者にでもなるしかなくなってしまう。

困ったことに、大学に「勉強」しに来てしまう学生がきわめて増えてきてしまった。レジャーランドと化した大学に「勉強」しに来るとはよい学生ではないかと考えたら、これは大間違いである。「遊び」に来る学生の方がずっと健全という感じがする。というのも、「勉強」とは、既定の目標に向かって、与えられた課題を忠実に遂行していくことだからだ。受験勉強がその典型である。

こういう「マジメ」な学生は、既定の目標がだれかからか、どこかからか、与えられるのを待ち望んでいるのである。「白馬に乗った王子様」がやってきて、惨めな境遇から救ってくれるのを待っている人間と似ているところがある。

私の感覚から言うと、「興味の湧くものがない」とか「何も面白くない」というのはまったく分からない。電話帳だけで、趣味のネタも研究題目もたくさん見つかるからだ。地域ごとの名字の分布や、姓名判断を使って各人の人生を判断してみるとか、楽しみはいくらでもある。ラーメンのなかにも、グルグル寿司（回転寿司）のなかにも、論文のネタはある。道路を歩けば、道端の蟻の動きを見るだけで一〇年ぐらいは楽しめる。私も道端でよく蟻の観察をする。ただし、ときどき不審者と間違われる。

話が脱線した。話を戻すと、おそらくさまざまなことが楽しめないのは、「ねばならない」ことだけを「したい」と思うように仕込まれたためなのだろう。義務があるときにしか欲望が感じられない症候群、一般には「過剰適応」ともいわれるが、これに入り込むと、自分でも楽しく、他の人をも楽しませる題材を見つけることはきわめて困難になる。こういう病気にかかるのは大学の先生や学者だけで十分なのだ。

なにしろ、人生に既定の目標などない。既定の目標として成り立つのは「死ぬ」ことだけである。しかも目標に向かって努力しなくても、だれでもいつかは死ねる。したがって、人間は死ぬために生きているのではない。

ということで、①《問題意識》は自由に持て。もしとりあえずそういうのがなかったら、本を乱読しろ。たとえ浜の真砂《まさご》は尽きるとも、面白くて仕方がない本はこの世から尽きることはないからだ（ホントか?）。どんな分野であってもそうだ。どんな事柄でも面白いのだ。面白く感じられないとしたら、面白さを感じられる能力・習慣（habitus）が身についていないからだ。

問題意識について

話はガラッと変わるが、昔、さだまさしの「不良少女白書」という唄の一節に、「何故嫌いですか　何故　好きですか／左ですか　右ですか／ああ聴こえない　ああ届かない／自分の夢がわからない」というのがあった（JASRAC 出 許諾第 0110986-102 号）。

何を言いたいのかというと、《問題意識》というのは、「自分の夢」と同じで、周りから、それが大事だ大事だと言われ、自分でそれを自覚していても、なかなか分からないものであるということだ。分からないのが当然の前提であり、出発点なのだ。出発点に佇んでいても仕方がない。

社会人を経験してから大学に入学してきた方は、鮮明な《問題意識》を持っている人が多い。現実のなかでさまざまな問題に出会ってきて、それらの解決を目指して入学してくるからだろう。この《問題意識》というのは、後で話題に出す《題材・テーマ》ということと結びついてくる。《問題意識》はそのままでは論文の出発点にはならないが、《問題意識》がないと論文を書きたい、書かずにはいられない、書いてやるぞという気力は湧いてこないのである。

私も学生と相談していると、「（卒論で）自分のやりたいことがありません」という自信に満ちたセリフに出会うことがある。「そんな当たり前のこと言ってどうすんだ」というところもあるが、そんなセリフに驚きもしない。《問題意識》がないというのは、よくあることだ。

小手先の返し技を使うと、「そういうのは、アパシー（無気力）ということだ。なぜ若者はアパシーに陥りやすいか、考えてみないか」と水を向けることもある。要するに、卒論の《題材・テーマ》が、自分の問題にもなるというパターンである。こういうところを入口にして、卒論らしい題材まで導いていく方法もある。もちろん、私の指導する論文が全部アパシーばかり扱っていると、私自身がアパシーになってしまうから、たいてい何度も何度も相談を重ねて「これはどうだ、あれはどうだ」と誘導しながら、私の手持ちの材料と折り合いのつく題材に落ち着かせるという手順をとっている。

ただし、この本の読者に対しては、それだけでは不親切だろう。《問題意識》の見つけ方のコツというのを伝授したいと思う。

まず、《問題意識》というのは、習慣的な能力・ハビトゥスなのである。すぐにこういう概念を使うところが、哲学者の困ったところだが、自分のことは棚にヨイショと上げて、説明を続けると、《問題意識》というのは、「やる気」と置き直してもよいが、これは何気なく湧き起こってくるものではない。まず材料を仕入れて、その材料が自分のなかで形を、姿を現してくるまで待たないといけない。つまり、①材料を仕入れて、②待つ、という作業が必要だ。材料を仕入れるといっても、まったく興味も湧かないようなことの材料を仕入れても仕方がない。関心の湧くことがあったら、関係のありそうな文庫本、新書を片っ端から買って、片っ端から乱読するというのが、金もかからず、電車での移動の間でもできるからお勧めである。最近では電子書籍ができて、スマホでも読めるし、●indle とかいう機械も売り出され、便利なようだ。とにかくシャワーのように、本は頭から「浴びる」ぐらいがよい。

なお、この「ハビトゥス」というのは、意識の底に沈殿して定着した習慣的能力である。私はいつも最終的な拠り所としているもので、「ハビトゥス教」の開祖になろうかと思うほど重視している概念である。字を書くことでも自転車に乗ることでも包丁を使うことでも、最初は意識して苦労して繰り返し練習して身につけるが、それを長い間繰り返しているると意識しないままで実行できる。ひらがなの「な」を書くとき、意識しないで書いているけれど、意識してしまうとぎこちなくなってしまう場合がある。ハビトゥスになったものは、最初は意識して注意しながら実行するけれど、そのうちに無意識でできるようになる。身体に根付いたのである。スポーツも言葉を話すことも、そして哲学もハビトゥスなのだ。近世哲学になると哲学をハビトゥスと捉える立場は減っていくのだが、私の対象とする特異な中世哲学の分野では、哲学はハビトゥスである。ハビトゥスだからこそ、現実の問題に適用することがしやすいのだ。論文を書くことは、ハビトゥスを身につける訓練法として有力なのである。「やる気」というのも私の考えではハビトゥスだ。初めは小さくても大きく育てていけるものなのだと思う。

《問題意識》に話を戻そう。《問題意識》とは論文の着火点であり、出発点なのだ。文庫本や新書に限られるのではない。新聞や雑誌、インターネットのホームページでもよい。とにかく、情報を集めることだ。その情報を集めていると、ときどき予想外の関連が見えてくることがある。「あーそーだったのか」というような、突然新しい風景が見えてくるとき、そこに何かが隠れている。その得体の知れない「何か」を大事に暖めることが、論文のネタになることが多い。

それでも「やる気」が湧かない、ということはありがちだ。私もそうだ。いつもやる気が湧かない。他人と話をすることは、なんといっても、「やる気」を起こす機会になりやすい。もちろん、他人のやる気をなくさせる名人というのはどこにでもいるが、友達でも、教官でもよい、話をふっかけることが糸口になることは多い。「コノヤロー」と少し腹が立つくらいの対話の方が、原動力になることは多い。親、妻・夫、子ども、近所の人間、上司でも何でもよい。なお、私がやる気を起こすためにやっているのは、庭の草むしりである。

教訓
論文のネタが見つからないときは、ケンカでもしてみろ。燃え上がる心に《問題意識》は宿る。

論文の条件とは

「どうすると論文になるんですか」と学生に聞かれることがよくある。すると、教師根性丸出しでとくとくと説明してしまう。もっとも、頭の片隅では、「木登りブタの分際で」、という声が聞こえてきて仕方ないのだが、ぐっと堪えて説明する。

論文とは何か。「形式」にこだわりたくはないが、内容と形式は連動しているのだ。だから、形式や〈形〉が大事だ。もちろん、形式だけ立派で、内容がないようという論文も多いけれど。少なくとも、立派な内容を記すためには、形式が整っていなければならないというのは事実である。

論文と評論文（解説文）は同じようなことが書いてあっても、やはり違うものだ。形式が違うのである。『朝日新聞』の「天声人語」をいくら読んでも、論文を書けるようにはならない。では、どう違うのだろうか。

ある事柄について、材料を集め、問題点を押さえ、分かりやすく解説し、自分の考えを書いてあったとしても、論文ではない。優れた評論にはなるかもしれないが、論文ではない。

では、論文の条件とは何だろうか。ある問題について、常識に合致した、分かりやすい解答が与えられた場合、普通の人はそういう解答で満足する。だが、こういう発想ではいくら知識を積み重ねても、論文は書けない。

専門の話になると、実際に論文を書くしかなくなるので、身近な例で考えてみよう。ビートルズの有名な曲に「ノルウェーの森」というのがある。英語では Norwegian Wood である。村上春樹も『ノルウェイの森』という小説を書いているし、その小説でも最初に登場するし、曲を聴いてもなんかそんな感じだと考えて、「なるほど」と思うのはドシロウトの発想である。有名な人、偉い人が言っているから正しいはずだ、と考えてそれ以上疑わずに済ますとすれば、いつまでたっても論文的思考にはたどり着けない。

「あれっ、森は woods だったよな」と思うのが、第一歩である。wood に単数形で「森」の意味があるのかどうか、英和辞典を引いてみるのが、第二歩である。調べてみないと分からないのだ。「森」の意味はないから、「ノルウェーに生えている木」でも似たようなものだろうと考えて、満足してしまうようでは、やはり論文にはほど遠い。

単数の wood に「森」の意味がないことを手持ちのすべての英和辞典で調べてみて、その上いくつか英英辞典で調べてみる。こういうところは、「何か変だ、オカシイ」という一種の勘が働くかどうかが決め手になる。強迫神経症的にすべてを疑っては生きていけないが、金鉱探しと同じで、だれも言わないけれど、何かありそうだと思ったら、徹底的に調べるのがコツだ。大きい英英辞典を調べると、wood は「木の製品」のことで、Norwegian とは「ノルウェーの木で出来た」ということ、つまり、Norwegian Wood は「ノルウェー材の家具」だということが分かってくる。「何か」があったのである。これが第三歩である。

それが実際にどういう家具か調べるのが第四歩である。一九六〇年代の風俗やインテリア事典を調べると、「白木の家具」で、六〇年代に流行した「一人掛けの木の椅子」であることが分かってくる。そこで歌詞を調べてみる。この辺が第五歩である。「ある男が女から部屋に誘われたのに、そこには二人で座れる椅子もなく、Norwegian Wood しかなかった。女からベッドに誘われたのに男の方は逃げ出してきた」というような内容である。要するに、現代人におけるコミュニケーションの困難さ、小難しく言うと共約不可能性(incommensurability)を歌った内容だ。座ると硬そうな飾りのない木製の一人掛けの椅子は、殺風景な部屋に誘った女の孤独な生活を象徴するものらしい。これで第六歩である。

ここまで来るとかなり進歩してきた感じはするが、論文的思考になるかといえば、大間違いである。同時期のビートルズの歌詞の内容がどのようなものであったのか、現代人のコミュニケーションの困難さを歌ったものがどれくらいあるのか、時代ごとにどう変遷したのか、そして六〇年代の若者の潮流がどのようなものであったのか、を調べて、Norwegian Woodを先ほどのように解釈するのが、蓋然性が高いのかどうか吟味するのが第七歩である。

ある問題に対して、それが未解決の問題でなければ、何らかの解決が出されているのが普通である。その問題について、受け入れられている解答に満足せず、可能性のある答えをすべて吟味して、そのなかから正しい、または最も蓋然性の高い解答を探し出すのが、論文的思考の一番大事な点だ。一日一歩、三日で三歩、三歩進んで二歩下がるの心意気である。

可能性のある答えをすべて見つけることも困難な作業だし、それをすべて理解するのにもいろいろな知識や理論が必要となる。このように与えられた問題について、すべての論点を発見するのが「分析（analysis）」という作業であるし、その分析という作業を通して、疑う余地のない、または最も蓋然性の高い、または説得力を持った答えを見出すというのが「論証（demonstration）」という作業である。論文を書くというのは、実は③《分析・論証》を行うということなのだ。論証のない文章は、いくら新発見であっても、論文にはならないのである。そして、論証があるからこそ、その発見は、多くの人が共有できる知識となる。要するに、論文を書くこととは、知の共有に至る道なのである。

論文基本心得

繰り返しになるのだが、大事な点なので、言い方を換えて、「論文とは何か」について述べておこう。論文を書く場合、まず最初に来るのが、①《題材・テーマ》と②《主題》である。例えば、「現代の若者におけるコミュニケーションの様式」としてみよう。これだけでは、論文を書き始めることはできない。《題材・テーマ》は案外広い領域にまたがることも多いが、《主題》の方は限定されたものである。「コミュニケーションの様式」というのでは、せいぜい《題材・テーマ》にしかならないが、「現代の若者におけるコミュニケーションの様式」というのであれば、《主題》にはなりそうだ。しかしこれだけでは不十分だ。論証したり、解明したりできる《主題》を設定しなければならない。答えが出てくるように問題を立てなければならないのである。

なお、この《題材・テーマ》と《主題》というのは、定着した用語法ではない。私の手作りの概念だ。こういった理解されにくいけれど、手作りの概念・用語というのは大事である。なによりも、本人が思考を進めるのに使いやすいツールを準備していくことが必要なのだ。そのツールが、アニメや歌謡曲や料理のなかにあってももちろんのことよい。お酒が好きだったら、燗にするか冷にするかといった飲み方でもよい。

例えば、出発点となる《問題意識》を〈現代の若者におけるスマホの利用法の特徴〉としてみよう。これならば、何とか調査することができるだろう。「現代の若者におけるコミュニケーションの様式」では調査しようにも調査できない。つまり、論文の主題とは、論文を書き進めるにあたり、具体的な段取り・手順を立てられるような具体性を持ったものでなければならない。この《主題》になるものは、研究の対象領域を明示するものでなくてもよい。「仮説」であってもよい。いやむしろ、仮説のように具体的なテーゼの方が、論文を書き進めやすいということもある。例えば、仮説となるのは、「現代の若者は、スマホをコミュニケーションの道具としてよりも、コミュニケーションの可能性（コミュニカビリティ）を確認するために使用する」といったことである。こういった《主題》の方が、論文の枠組みとなる基本的概念の説明、通説の整理、調査項目の設定、調査の結果、資料の整理、結論といったような論文の構成が見えてきやすい。つまり、論文の《主題》が具体的で、限定されていればいるほど、論文を書くことは容易であり、論文を書く準備は整っていることになる。
もちろん、学会の論文などによくありがちのことだが、《主題》が限定されすぎていて、ツマラナイ結論しか期待できないとか、常識で考えても当然の事柄を精密な調査で裏付けるようなトリビアルな主題というのは、ソツのない論文を書いて学者になろうとする人以外にはお勧めできない。学者の世界は、学閥やら人間関係の対立やらがあって、よい論文であることよりも、欠点のない方が入選することも少なくない。学者になるには、毒にも薬にもならない、ツマラナイ論文を書けるようになった方がよい。知への情熱を死ぬまで持ち続けられる人は少ないのだ。私も情熱が枯渇してきたが、幸いなことに、情熱がなくなると、小手先だけで論文を書ける小賢《こざか》しさが身についてきた。情熱と技術の総和は一定なのだろう。だが、やっぱり、大事なのは情熱だ。沈む夕日を目指して砂浜を走り抜ける情熱が一番だ。

老婆心から言うと、欠点だらけでも、優れた着目がある場合、将来性が買われて高く評価される場合もある。こういう評価をする人はせいぜい二〜三割なので、また地域間格差や大学間格差があるので楽観的な見通しはしない方がよいけれど。

《主題》が決まれば、③《タイトル》である。《タイトル》は、「題目」とも言う。《タイトル》のつけ方はいろいろ考えることができる。例えば、「現代コミュニケーション研究」

とか「フッサール研究」というように、ゆるめのタイトルをつけておいて、出来上がってから、副題で、論文の具体的な内容を示すという方法である。例えば、「現代コミュニケーション研究——現代の若者におけるスマホ使用の特徴」というようにである。

ただし、《タイトル》は、論文を書くための心を固める機能もある。つまり、こういうテーマで書くしかないというように、自分を「追いつめる」効果を持っているものの方が、実践的にはよい。というのも、あまり広いタイトルだと、カッコ悪いし、書いている最中に、別のアイデアが浮かんできたときに、つい、論文の骨子を変えようとする誘惑が起こってしまい、結局まとまらないことが多いからだ。プロポーズのセリフと同じで、具体的な段取りは後から考えればよい。

なお、自分を追いつめるためには、関係する参考文献を買い集めてしまうという手もある。他にも、締め切り間際までわざと書かないで、自分をぎりぎりまで追いつめて書き上げる方法もあるが、やめた方がよい。失敗することが多いし、寿命を縮めることにもなる。

《題材・テーマ》を探せ!

自分探しと論文のテーマ探しは似ている。もちろん、うまくいく初恋が恋の名前に値しないように、「これだ!」と思ったテーマも一晩寝てから見ると、「こりゃダメだ」というものがほとんどである。夏の夜の夢のごときものである。初恋の相手を探しに「旅に出るべえか」という人は正しい人ではない。

かぐや姫の求婚者は難題を課せられた。学者は三ヵ国語をマスターし、図書館に日々潜り込むことを求められて、それに長い間耐えられるか、それが愛情である。

学問研究で大事なものは一に愛情、二に愛情、三四がなくて、五に愛情である。愛情のない哲学書読みは、ごみ拾いよりも空しい。といって、読みもしないうちから愛情を持ってしまったら、そりゃストーカーですし、困った。

シルヴィ・バルタンの歌に「アイドルを探せ」（一九六三年）というのがあった。小泉今日子の「なんてったってアイドル」（一九八五年）の元祖フランス版だと思う。哲学でも、「哲学の終焉」というのを雑誌が定期的に特集に取り上げる。ネタが切れて、終焉しそうになると「終焉」を話題にするのである。

このように自分で自分のことをネタにすることを「自己関係性」とか「自己反照性」と言う。哲学では十八番の鉄板ネタである。「私はだれ?」、「私はどこにいるの?」、「私とは何か?」とかいろいろある。論文で何を書いたらよいか分からないとき、「なぜ私は論文が書けないのか」で論文を書いてもよいのだが、これで書き上げた人に出会ったことがありません。

自分にピッタリの《題材・テーマ》は本当に見つけにくい。指導教官からもらう手もあるが、面倒見のよい先生は人気があるから、もらうことは難しい。面倒見のよくない先生は《題材・テーマ》を与えてくれない。結局、自分で探すしかない。自分の関心のあるところから始めるしかないが、しかし絶対覚えておいてほしいのは、面白そうな《題材・テーマ》は七変化しなければ、論文の材料にならないのである。小麦粉だって、小麦を育てて、収穫して、製粉して、運搬して、水を入れてこねて、発酵させて、焼き上げなければ食べるものにならない。論文のネタも同じくらい書こうと手間暇をかけなければ、論文にならないのである。論文のテーマになるのかどうか迷ったら、小麦粉と同じぐらいの苦労と手間を経ているのか、比較検討しよう。

コンビニでパンを買ってくる人はそんな苦労は知らないぞ！　と言う人がいるかもしれない。たしかにそうだ。仕上がった論文はコンビニで売っていない。もちろん、売ればもうかるかもしれないが、コンビニが卒業論文を二四時間販売する時代は、火星に人間がたくさん移住する時代になっても実現しないはずである。こういう想定を推し進める卒論はあるかもしれないなあ。

作法

一　論文を書く前に、《題材・テーマ》、《主題》、《タイトル》を決定しておくこと。
二　《タイトル》は自分を追いつめるため、ある程度限定されたものの方がよい。
三　論文の《主題》を途中で変えるな。

タイトルの善し悪し

《タイトル》をまず決めろ、とは言ってみたものの、何でもよいわけではない。《タイトル》は論文の顔である。慣れてくると、論文の《タイトル》を見ただけで、内容が推理できるばかりか、論文のレベルまで予想できるようになる。くだらない《タイトル》の論文は、たいてい内容もつまらない。もちろん、偉大な学者の優れた論文で、ツマラナイ《タイトル》の論文はたくさんある。しかし、これは論文のエキスパートに当てはまる例外である。論文の初心者にとって、《タイトル》は論文の善し悪しにつながる重要なファクターである。

ちゃんとした《タイトル》を立てるためには、研究の対象となる資料・テキストについて見通しを立てて、論文のシミュレーションを十分に行っていなければならない。そして、論文で自分が主張しようとしているテーゼが成立しそうかどうか、見通しをつけていないと、ユルんだフンドシ〔＝ユルフン〕のような題名しかつけられない。

さて、抽象論では御利益が少ないので、実例で考えてみる。今回は、平成一二年度新潟大学人文学部の卒論のタイトルを、勝手に材料にして、タイトルの善し悪しを考えてみよう。○……よい、このままでまあ通用するし、論文としてもまとまりそう、△……まあ普通、サブタイトルをつければ何とかなる、×……問題あり、サブタイトルをつけてもまとまりそうにない、という規準で評価してみる。それぞれについてコメントを付しておく。

○「旧約世界における陰府《よみ》の理解についての考察」〔無難にまとまりそう、問題の範囲が絞られている。《主題》の絞り込みが大事なんだよね〕

○「犯罪をめぐる言説にみられる〈権力作用〉の検討」〔狙いは分かる。「言説」がポイントだね。「権力作用」というのがクセモノだ。《題材・テーマ》の狙いはよい〕

△「現在の学校教育の現状と課題に関する考察」〔何をやりたいか分からない。《問題意識》を育てましょう〕

×「ラッセル研究」〔曖昧、もう少しテーマを限定しよう。「〜（人名が入る）研究」というのは、まずほとんどがダメ論文である。理由は論文の《主題》が決まっていないからだ。博士論文だったら厚い本で網羅的に書いて成り立つけれど、卒論では「何をしたいのかまとまっていません」ということの表明になってしまう。とりあえず《題材・テーマ》は暫定的に決まっていても先が長いのです」

△「サブカルチャーの時代別比較・考察」〔できるのかねえ、とりあえず締め切りに間に合うように提出したテーマというところだね。《問題意識》は買いましょう〕

×「農村女性の自立に向けて」〔論文の題にはならない、青年の主張みたい。気持ちは分かるのだけれど。《主題》が見つかっていないというか、このままだと「論じる」ところに踏み込めないのです〕

×「水原《すいばら》の三角だるま」〔論文だか観光パンフだか分からないなあ。民俗学のテーマとしては成り立つけれど、もう少し限定しましょう。これも《問題意識》として探し場所は見つけたけれど、まだ《題材・テーマ》にたどり着いていない〕

×「堕落について」〔これで論文書くのはまさに「堕落」だね。《問題意識》はあるんだろうけれど、《題材・テーマ》にまでまだ距離がありますな〕

×「仏教とキリスト教の比較における一視点」〔これでは何も決まっていない。日本語としても変。あわてて提出したテーマですね。《問題意識》を育てて、これを調べなきゃ、という気持ちを育てないとね〕

×「マンガ文化に関する社会学的考察」〔これで何か書けるの？　書き始めるにしてもどこからどう始めたらよいか。マンガが好きでそれを扱いたいというのだろうが、《問題意識》までたどり着いていないな。何を論じたらよいのか、見えてこない〕

×「パリ万国博覧会」〔論文の題名以前。これ何ですか？　これもタイトルというよりも、《題材・テーマ》で、タイトルにはならないね。もう少し調べれば、《主題》が見えてくるかもしれない。出発点としてはよしとしましょう〕

×「印象派の風景」〔題としてもさることながら、読む前からダメそう。これも《題材・テーマ》にとどまっている。印象派の絵が好きだという気持ちから始まっているのだろうし、その好きな気持ちは出発点として大事にしましょう。論文の入り口にたどり着くにはもうひと頑張り必要です。印象派の展覧会に行って、本も一〇冊ぐらい読みましょうね〕

△「陶淵明『桃花源記』について」〔標準的な題の付け方、どう《主題》を広げていくかは考えないといけませんね〕

×「19世紀パリの鉄に関する変遷」〔「鉄道」の誤植だろうか。もし「鉄」だったら無理だけど面白そう。読んでみたい。後で確認したら、エッフェル塔が鉄で作られたことをめぐって書かれた卒論だったらしい。面白い卒論だったようだ。ということは、×というより△。タイトルに工夫があればよかったのだ〕

△「文化大革命と紅衛兵」〔何とかなりそう。準備が必要だ。焦点が絞られていないから、詰めが必要。歴史学の卒論はテーマと調べるべき文献・資料をうまく絞り込めているかがポイント。そして、その資料を読解する力も重要〕

×「イギリス児童文学研究」〔題が大きすぎる、最初からもっとテーマを絞っておこう。指導教官が決まっていて、自分が何をやりたいか分からない場合、とりあえず先生の専門分野にしておくというのは考えられる方法だけれど、広すぎるテーマは後で本人が苦しみます〕

◯「永正─天文年間戦国期越後の戦乱と領主権力」〔焦点は絞れている。かなり作業が進んでいることがテーマそのものからうかがえる。これだけ絞り込んでいるということは資料読解能力も大丈夫そうですね〕

◯「恙虫《つつがむし》除け信仰の形態と変容」〔これも材料、狙いははっきりしていて大丈夫。材料の集め方と研究の進め方が見えるタイトルは大丈夫ですね〕

×「死海文書を残したのは何者か？」〔外国の論文にはよくこういうのがありますが、疑問文形式でタイトルにするのはいいの？〕

△「コンビニエンスストアにおける効果的スペースマネジメント」〔コンサルタント的な題ではありますが、論文にはなじまないと思います。文学部でなくて他の学部だったらこれでよいと思いますが〕

×「男らしさについての考察」〔こういう題は恥ずかしい。だれかになんか言われたの？　ユルフン〕

×「神話としてのギャンブル」〔概念として成立するのかなあ。ギャンブル好きなんですか？　パチンコ？　競馬？　ユルフン〕

×「電子メディアコミュニケーションにおける〈よりよい〉人間関係を目指して」〔こういうのは論文の題名にならないんだけどね。携帯電話の会社に入社が決まっているんだったら、大事な《題材・テーマ》ではありますけれどね〕

△「自己概念の明確性とフィードバック表現が心理テスト結果の受容に及ぼす影響」〔長すぎるし、何かの助成金に申請するときの研究題目みたいだけど、まあよし。不安なのは、他の人の実験やデータを使ってまとめるという、他人のフンドシ論文になりやすいことだね〕

×「精神保健衛生士の資格化に関する考察」〔何を考察するの？　気持ちは分かるけれど、資格を取りたいという気持ちを反映した論文ではあるのだが、役に立つ結果が見えすぎる論文というのは、発見が少ない場合が多い。いろんな公式文書調べて終わりだろうね〕

△「学歴の価値観の形成についての考察」〔時代を絞った方がよい。絞り込めばいろいろな深め方が可能だと思います。時代と場所を絞らないとね。いわゆる「メリトクラシー」の問題ですね。日本の学歴社会、いろいろと問題がありすぎますからね〕

△「現代日本語における性差の研究」〔サブタイトルが必要だね。言語学の論文の場合は、具体例が身近にあって、具体性はあるのだが、当たり前の結論に終わることも多いから、気をつける必要がある〕

△「教育改革における〈生きる力〉についての考察」〔教育改革といってもいろいろありますが。当事者の立場を踏まえて、批判的な視点も盛り込めばよい論文になったりもします〕

×「笑いによる会話の組織化に関する一考察」〔「会話の組織化」というのがあやしい。論文ぽいのですけれど、どうもあやしい。「会話の組織化」は指導教官の入れ知恵ですか？　それから、笑いは学問的分析は難しいのですよ。それに新潟大学の井山弘幸教授が網羅的に研究し尽くしています。読みましたか？〕

◯「近世越後の地域社会と手習塾」〔まとまりそうだね。手堅い論文のタイトルです。手堅すぎていいけれど、面白くまとまるかどうか微妙だね〕

×「アメリカで夢を摑んだ日本人」〔きっと参考書をまとめて終わりだね。ユルフン。何冊か本を読んでまとめて終わることが多いからね。モデルとして自分が尊敬している人が具体的にいるんだったら何かは書けるけれど、論文にはならないかも〕

◯「アメリカにおけるブルースの歴史とその社会的背景」〔題としてはよさげだが、一、二冊本を読んで終わりかな、努力次第でよいものにもなるが。音楽で卒論を書くのは、クラシックでも民謡でもかなり大変ですね。曲を聴いていたときの魅力が文章に出てきませんから」

コラム　ユルフン後日談

ユルフンについての質問が多くて困ったという感想を何人かの方からいただいた。特に女子学生に「ユルフンって何ですか?」という質問をもらって困ったというコメントをいただいた。「ゆるんだフンドシ」のことだが、いまではフンドシなんかも、ゆるんだフンドシも見ることはできない。昔はじいさんが縁側でフンドシ一丁で涼んでいると、ユルフン現象に出くわして目のやり場に困った。見えてたいしたものではないのだが、見えてはいけないものが見えた場合、そういうものには「キャー」と反応するのが文明的なマナーというものらしい。なお、蛇足ながら「ゆるふん」は、上野千鶴子氏によると「男らしさの喪失」を意味するらしい。そうだったのか(上野千鶴子『スカートの下の劇場』河出文庫参照)。

ここでの個人的評価は、最終的な卒論を見た上でのことではない。たしかに、タイトルがしょうもなくても、よい卒論は存在する。私自身の指導に関して言うと、タイトルだけはカッコよいのを考えることができる。「それではカッコよすぎます」と学生によく言われる。で、中身が伴っていないことも起きる。

がやはり、《タイトル》は論文の顔だ。検索や分類するための指標にとどまるものではない。十二分に精力をつぎ込む価値があるということだ。

ありがちな落とし穴

アンケート調査をして分析してみました、というのは立派な実証的研究になりそうだが、どうも誤解している人が少なくない。アンケート調査は、何らかの理論的仮説につながるようなものでなければ意味がない。事実をゆがめるような、独断・誤解に基づいてアンケートをやればロクなことにならないから、あまり偏見に満ちた理論的仮説に基づいて調査するのはよくないが、ぜんぜん仮説を用意していないアンケート調査は、結局「やりっぱなし」で終わることがほとんどである。実証的であるからよい論文ということにはならない。毎朝、太陽が昇るかどうか調査すれば、十分実証的だが、意味はない。

もちろん、最初からアンケート調査になじむ仮説が用意できるわけでもない。その場合は、予備のアンケート調査をやるべきである。社会調査の専門家ならばいざ知らず、初めてまとまったアンケート調査をする場合には、二年前ぐらいから準備して、予備調査を行っておくべきである。アンケートとして意味のある結果が出てくるように、あらかじめアンケート調査が必要なのだ。

アンケート調査ではないが、似たような調査に、テキストをデータベース化して、またはデータベース化されたテキストに基づいて、頻度分析するという研究がある。例えば、「現代の若者における文末表現の特徴」とか「新聞記事におけるカタカナ語の頻度」といったようなものである。こういう頻度を調べるという研究は、訓練・練習のためにはよいが、たいていツマラナイ結論しか出ないか、何も結論が出ないことが多い。もちろん、論文として提出されることはされるのだが、見るも無惨な結果がほとんどである。

こういうアンケートや調査というのは、本を読むのが嫌いな人とか頭を使うのが嫌いな人がやりがちなことである。つまり、考えないで調査を始めるということが多い。理論的仮説のない調査はたいていムダな作業である。もちろん、ファッションの問題を扱いながら、現代のファッションの動向を知らないで、モード論の著作を読みふけって書いたモード論の研究は盲目である。「理論なき実証は空虚であり、実証なき理論は盲目である」ということだ。ある事柄が不十分であるということは、不必要であるということではない。「だったら、やらなくてもいいんですね」と怒る学生もいるが、そうではない。

事実を羅列しても実証的になるわけではない。そもそも「実証的」とか「科学的」というのは、いかにもウサンくさい概念だが、それは措くとしても、事実を並べただけではゴミの山である。「こんなにアンケート集めました」とわざわざ報告しに来る学生がいるが、「よしよし」とは言いながらも、ゴミの山を目の前にして、曰く言い難い気持ちに襲われる。

となると、自分で考えてへたな結論を出すよりも、優れた研究書を熟読して、整理した方がよい論文になると考える学生は少なくないようだ。しかし、論文を読む人間からすると、優れた研究書をていねいに整理してある、まとまった優等生的な論文（？）よりも、誤解や誤読を含み、まとまりもないが、自分で試行錯誤しながら書いた論文の方が優れていると判断するしかない。この辺りを勘違いしている学生は毎年何人もいる。論文とは立派なことを書けば立派な論文というのではない。

心得

理論的考察を踏まえない実地調査は中身がないし、実証を伴わないで理論や研究書だけで書いた論文は盲目的であるし、盗作である。

勘違いする人が多いので、しつこく書いておく。論文を書くとは、本を読んで、本の内容をまとめることではない。例えば、摂食障害に関心を持つ学生は多い。そして、そういうことで自分も苦しんだり、周りにそれに類した人がいたりすると、卒論で取り上げたがる学生が毎年出てくる。摂食障害の本は数多く出ているけれど、目につきやすいのは斎藤《さいとう》学《さとる》の本である。すると、彼の本を五、六冊読み、そして、いろいろ研究論文を読んで、書いてあったことをまとめて、ハイ、論文ですと提出してくる学生が多い。論文提出の日に、「君ね、そもそも卒論とはね……」と説教しても、後の祭りであるから、天を仰いで嘆息するしかないのだが。

「論文の書き方」といった本がこの世にこれほどたくさん出されているのに、論文ではないものが論文として提出されるというのは、本当に不思議なことだ。もちろん、ありがたいことでもある。ヒドイ論文ばかり提出されるからこそ、私もまた、「論文の書き方」が書けるのだから。

論文執筆法の読み方

何冊かの論文執筆法を山のように積み上げて、こんなに買ってしまった、読めないどうしたらよいものかとお嘆きの方がいれば、『ぎりぎり合格への論文マニュアル』以外は全部お捨てなさい、と言ってみたい気分である。しかし、それは早合点である。

たしかに論文執筆法を何冊も読むほどの愚挙はない。そんなのを読むんだったら、論文のために参考文献や資料を読んだ方がよいのだ。当たり前のことだが、論文執筆法をたくさん読んだからといって、よい論文を書けるようにはならない。必要最小限度のことを学べばそれでよいのだ。論文の執筆法がすばらしくても、論文としてすばらしいとは限らない。幸福論を山積みして読破しても幸福になれないのと同じことである。

論文執筆法を積読状態で机の上に置いて拝むという手もある。全部読もうという不埒な心さえ起こさなければ精神安定に役立つ。心配だ、読んでしまいそうだ、と思う方はできるだけ捨てよう。しかしながら、戸田山和久『新版　論文の教室』（NHKブックス、二〇一二年）があったら、それは残しておいた方がよい。何しろ、私の本より厚くて詳しいのである。しかも、戸田山さんとは、学生時代に新宿区百人町でおいしい麻婆豆腐を一緒に食べたこともあるのだ。私の『ぎりぎり合格への論文マニュアル』だけでは間に合わないとお思いの方も、戸田山さんの本は、ときどきこっそり眺めるとご利益がある。

他にも、論文執筆法やアイデア発見に関わる名著はたくさんある。外山滋比古『思考の整理学』（ちくま文庫、一九八六年）は、二五八万部突破の名著である。こんなことを言うと身も蓋もないけれど、アイデアの発見法というのは、自分だけの独自の発見法を編み出して、それを内緒で育ててこそ、他の人とは違うアイデアになるのだから、本当のアイデア発見法は他の人にはあまり教えないものである。私なんか、国語の勉強法を友達に教えたら、国語の試験で私を追い抜いていった。勉強法は正しくして、教えたことは正しくなかったのである。この『ぎりぎり合格』はどうなのかって？　失敗を何度もしたので、芸を盗むことにした。ハビトゥスは教わるものではなく、自分で身につけるものだと言ってもよい。いくら言葉で教えて、言葉で学んでも、ハビトゥスとして身につけなければ、何の役にも立たない。言葉だけ覚えると、口先だけの評論家になってしまうのでございます。

梅棹忠夫『知的生産の技術』（岩波新書）という名著がある。学生の頃は読みもしなかった。年を取って、もう知的生産から卒業の頃になって読んでみた。

論文執筆法を読まないで論文を書いてきたために、大学を卒業するのにも学者になるのにも遠回りをしたのだが、梅棹さんの本を読むともっと早く読んでいれば、ちゃんとした学者になれたかもと思い、失敗したと思う。でも、大学生のときの私は、読まなければと思う本を山積みにして、パチンコに行って負けまくっていたので、読んでも役に立たなかったんだろうな。反復実験できないのが残念！

さてさてここで再び、しつこく「ハビトゥス」である。「またハビトゥスかよ！」と文句を言いたくなる方も多いかもしれないが、本当に私は全身全霊ハビトゥスなのです。すべての哲学的問題は「ハビトゥス」の一語で、あら不思議解決可能と本気で考えている。私は「ハビトゥス教徒」なので、称名念仏という教えを聞くと嬉しくて仕方がない。ハビトゥスとは背中で教えてもらい、背中から学ぶものである。

本に書かれていないコツ、自分で反復して身につけるしかないものが、ハビトゥスなんでございます。

梅棹さんも書いています。「研究のすすめかたの、ちょっとしたコツみたいなものが、かえってほんとうの役にたったのである。そういうことは、本にはかいてないものだ」（梅棹『知的生産の技術』、ⅰ頁）。本当にそうなのです。これは教育者として不誠実なのではなくて、背中で教えているのであって、背中に書かれてある大文字が見えていないということなのだ。「小説の書き方」を読んで賞を狙う人から、芥川賞作家は出てこないって言いますからね。

英語の論文執筆法としては、『シカゴ・マニュアル』というものがある、正式名称は、*The Chicago Manual of Style*（17th Edition, The University of Chicago Press）である。翻訳もある。トゥラビアン、ブース他『シカゴ・スタイル　研究論文執筆マニュアル』（第七版の邦訳、慶應義塾大学出版会、二〇一二年）である。英語で論文を書く人はこれを読まないといけない。でも、英語でちゃんとした論文を書く人に、この『ぎりぎり合格への論文マニュアル』は必要ないな。読まないしね。ということは書く必要もなかったということだ。

論文の評価とは

この本は、よい論文を書くためのものではないから、論文の評価は二の次の問題である。とはいっても、論文はどう評価されるのか、気になるのが人情である。基本的な枠組みを紹介しておこう。この辺りを少し知っておくと、論文が書きやすくなるからだ。

世間には、論文・小論文の採点は、主観的なもので、客観試験に比べると、信頼度が低いと考える向きも少なくないようだ。客観試験ならば、だれでも採点できるし、多少寝ぼけていても、画一的な採点になる。答案用紙を工夫すれば、マークシート式にして、短時間で大量の答案を採点できるようにもなる。もっともマークシート式はあまりよい試験ではない。マークシート式試験が、いかに現代の大学生の思考能力を蝕んでいるか、という火を見るより明らかなことが論じられないのは面妖なことだが、事実を述べることが嫌われる時代なのだろう。国会の文部科学委員会での、立花隆の参考意見では指摘されている論点であった。一般には語られない常識ということか。

話を戻そう。論文・小論文の採点は、たしかに採点官によって、差が出る。だから、信頼性が低いということにはならない。ときどき、極端な主張の人間がいると、ブレが生じるが、あらかじめ規準について話し合っておくと、ほとんどの答案について、差は一〇〇点満点で五点以内に収まるものである。大学教官も案外バカではない。平均すると、妥当なところに落ち着くのがほとんどである。

論文の評価の尺度はどこにあるのだろうか。

論文評価の尺度

a 論文全体の評価
テーマのオリジナリティ、問題発見能力
論文を書く心構え
日本語表現能力（語彙《ごい》の豊富さ、表現の的確さ）
基本概念の理解
論文の構成
論文の形式・体裁
註・参考文献の正しい書式

b 論文の本体の評価
テキストの正しい理解
調査・実験の的確さ
サンプルの量・質
適切な分析方法
実験・調査能力の有無
テキスト読解の能力（外国語、古文書読解能力）
斬新な視点
従来の研究の把握

こういう評価項目を総合して、全体的に評価するのが普通である。論文を審査するより、研究するのが自分の仕事と考えている連中は、二つか三つの尺度で評価したりする。「てにをは」がしっかりしていないとか、参考文献の表示が不適切であるだけで、「これでは論文になっていない」とか言う先生方もいる。了見が狭いのである。了見が狭いとは、マルチタスクで仕事する能力が低い、一度に多くのことが考えられない、ということだ。了見の狭い人に審査されることになったら、運のな

さをあきらめるしかない。

ついでに述べておくと、論文というのは、学部や研究分野が同じであれば、扱っているテーマが違っても、ほとんどの評価項目で、ドングリの背比べ状態になる。ときどき、一〇〇人に一人ぐらい、飛び抜けて日本語力があったり理解力があったりするが、それ以外の論文はドングリである。もちろん、若干、飛び抜けてヒドイ論文もあるが、これも少しである（最近、増えている気もするが）。要するに、論文全体の評価とは、「論文になっているか」ということを判定するものである。ここをクリアーすれば、だいたい単位はもらえる可能性が高くなる。

論文全体の評価について述べると、論文技法は即席では身につかないところもあり、それまでの勉強量がものをいう。勉強量が足りないと稚拙なものになる。稚拙さをごまかそうとして、にわか仕立てで、ときどき難しい言葉を取り入れてあるのもよく見かけるが、すぐにボロが出る。普段身につけてある基礎力が重要で、一週間ぐらいで身につくものではない。だが、この本を読めば話は別である（と思ってみたい）。

先に挙げた項目の多さを見て、「こんなにたくさんのことを気にしながら書かなければいけないんですか」と絶望する人がいるかもしれない。もちろん、その心配は無用である。論文の型に収まれば、自然とある程度のところまで、内実は伴ってくる。つまり、それなりに型を整えれば、内容も整ってきて、論文として読めるものになるのである。

論文の型において、特に注意しておきたいのは、論文の本体部分である。ここが論文の評価の主な対象なのである。本体のところは、客観的に評価されるところである。大学の先生は、イヤというほど論文を読んでいる。学術論文を読まない人でも、卒論攻め、レポート攻め、小論文攻めに遭っている。そのせいか、責められるのが好きな人が多いらしい。もとい、大学の先生は、流し読みしても、たちどころに評価する能力ぐらいは持っている。大学に一〇年も勤めれば、試験の答案を含めると、毎年楽に一〇〇〇本ぐらいは読むわけだ。見る目が養われないはずがない。もちろん、目の代わりに「節穴」しかついていない場合は別である。

客観的に評価されるとはどういうことか。客観的に評価されるような形式で、客観的に評価されるところに力を注がないといけないということだ。やたらと註の量を増やしたり、参考論文をつけたり、翻訳をつけたり、自分のことを語ったり、文学的表現に走ったりしても、カウントされないのである。評価の対象外なのである。そこが悪いと減点されるが、よくても評価しようがない。上質の原稿用紙に書いても点数が増えないのと同じことだ。いくらすばらしい発見であろうと、読み手が理解できないような仕方で記述してあれば、評価はされない。表現された結果で判定されるのだ。

評価の尺度に収まるところに、つまりストライクゾーンに投げないと、いくら剛速球でもボールでしかない。ボールにしかならない剛速球よりも、ハエが止まるくらいゆっくりでも、ストライクの方がよいのだ。論文を書くということが、作文や感想文と違うのは以上の点だ。いくら名文で、新発見であろうと、論文のストライクゾーンに入っていなければ、〇点である。

第三章　論文を書く段取り

筆記用具

論文を書くには筆記用具が必要だ。このことを力説してある論文指導書は見たことがない。これは、この本のオリジナルなところだ。オリジナリティは大事だからな。考えてみると、当たり前すぎて書くまでもないからかもしれない。

当たり前を省略しないのは、たぶん私が哲学、しかもスコラ哲学研究者だからだ。「馬性はそれ自体では馬性に他ならない」というのが、重要根本命題になったりする世界なのである。それはともかくとして、この本はあくまでパソコンを使って、「悪くない」論文、言い換えると合格ぎりぎりの論文を書くためのものだ。かつては、「原稿は、原稿用紙にかく」というテーゼが堂々と書かれていた（梅棹忠夫『知的生産の技術』、一八四頁）。

昔は、ワープロという機械が存在していた。発売された当初は、自動車の新車一台分の値段がした。私の先輩には、「学問には投資が必要だ、自動車を買わないでワープロを買うのだ！」と大枚をはたいて買った方がいた。あっという間にワープロの値段は下がっていき、バイクと同じくらいの値段になっていった。

パソコンというのがちょっと古いね。いまではタブレットやスマホも日常的なツールになった。このヤマウチはいまだにスマホを使っていない。一日中手放すことなく使い続け、魂が抜き取られるのではないかと心配しているのだ。それはともかくとして、論文を書くためには、まずパソコンを買ってほしい。

では、なぜパソコンなのか。何よりも、手書きの論文は書いている本人が何を書いているか分からなくなって混乱したものになりやすいからだ。そして、そういう論文は読む方にとってもつらい。中身がぐちゃぐちゃなだけでなく、字もぐちゃぐちゃだと、読む方の頭もぐちゃぐちゃになって、リハビリに時間がかかる。パソコンの使いすぎで漢字をよく忘れるのに、さらに、間違った漢字ばかり見ていると正しい字を忘れてしまう。大学の先生の文章に奇妙なのがあるとしたら、ひどい卒論を読みすぎたのではと、考えた方がよい。手書きの論文は大学の教育・研究を一段と劣化させるのである。

いやしかし、中世哲学の研究者のなかでも、いまだにパソコンも使わず、メールも届かない方もいる。しかし、いまの時代、コロナ禍のなかで、授業も会議も学会も全部Ｚｏｏｍなどで実施するのがごく普通になった。パソコンを使わないで学問することがレジェンドとなりつつある時代だ。大御所になったら、周りが世話してくれるが、大学生が初めから大御所としてふるまうのは人生大間違い第一歩となりそうだ。

そういうことで、パソコンである。中身はともかくとしても、せめて字だけは読みやすい論文の方がよい。中身があって字が汚いより、中身はないけれど字がきれいという方が、評価が高くなる傾向がある。これは論文だけに当てはまることではない。何かを申請する文書でも、面接で人間を評価するときも同じである。世間とはそういうものだ。

それに、パソコンは肉体にあまり負担をかけない。手書きだと一日に二〇枚も原稿用紙に書くと、手が腱鞘炎気味になってくる。寝酒の量も増える。当然のことながら、次の日は書く気が起きなくなる。パソコンで書けば、三〇枚ぐらいは楽勝である。私は特に論文執筆には肉体が一番大事と考えるから、肉体への負担ということは重視したい。

さらに、重要なことはパソコンを使えば、文章が浮かばないとき、とりあえずテキストから、大事そうなところをひたすら打ち込んでおくということができることだ。そしていざとなれば、教育者としてはお勧めしないが〔＝共犯者としてはお勧めするが〕引用を切り貼りして、「論文モドキ」に仕立てることもできる。

重要なテキストを入力しておくことは、頭が働かない時間の有効利用にもなるし、読み返すことで発見があったりするし、何よりも速成で引用だらけの論文を仕上げるときの材料になるからだ。頭が働かなくても、仕事は進む。精神衛生にもよい。

パソコンに慣れると、「指で考える」ということができるようになる。頭は働かないのだが、指が勝手に動くようになっている。ほとんど自動書記というやつで、ここまで来ればシメタものである。ちなみに、私の書くものはほとんど指で考えたものである。しかも、ブラインドタッチができないので、人差し指二本で考えたものである。なお、二本指打法はお勧めしない。ミスタッチが多い。私の文章に誤字脱字が多いとしたらそのせいだろう。指は考えるのである。ワケが分からん、と感じる人には、市川浩『精神としての身体』（講談社学術文庫、一九九二年）の一読をお勧めしたい。機械に慣れてくると、指がひとりでに動いて、パソコンの方が自動的に文章を提示してくれるようになってくる。ここまで来ると、パソコンの前に座ると、いつのまにか気づかないうちに論文が出来上がる境地に到達する。初心者には難しいだろうが、いわゆる「三昧」の境地である。その境地を目指してほしい。

なお、気づかないうちに出来上がった論文は、口述試験のときに質問に答えられないという欠点がある。

心得

一　論文執筆のツールを軽く考えてはならない。投資を惜しんではならない。

二　パソコンで書いた論文は長くなりがちだ。長いから論文としてよくなることはないと心得よ。

三　パソコンを筆記用具の一つと軽く考えてはならない。指に考えさせるために必須のツールだ。

辞典類は十分に用意せよ

辞典や事典は図書館を活用するのが賢明である。ちゃんとした辞典類は、高いし、大きいので、揃えるのが大変だし、またかさばってじゃまにもなる。ただし、寝ころんで、体の上に辞典を何冊か重ねて重さを堪能する楽しみはあるが、そこまで行くとマニアである。初心者には、辞典を重石にした浅漬けをお勧めする。ドイツ語辞典とイタリア語辞典だと、微妙に味が変わるのを楽しむことができる。

疑問が出てきたとき、いちいち図書館に行くのは面倒だし、図書館がそばにないと、辞典を調べるのも億劫になってしまう。特に、締め切り間近のときなど、辞典類がそばにないとイライラする。

そこで、役に立つ辞典はそばに常備する体制を作っておく必要がある。その際、金に糸目をつけてはならない。よい辞典類を持っているかどうかは、合格論文になるかどうかの分岐点である。

ちなみに、私の場合、調べてみたら、自宅には、だいたい一五〇冊くらい、辞典類があった。研究室には一〇〇冊程度だろう。ちゃんと数えたことはない。携帯用辞典も数多いし、同じ辞典でも版が新しくなると買ったり、自分の持ってない辞典を他の人間が使っているのを見ると使いもしないのに買ってしまうからである。

しかし、辞書はかさばる。電子辞書というのが一時期流行し、そこに複数の外国語の辞書と国語辞典、百科事典などがたくさん搭載されているものが発売されて、学生たちは皆それを使っていた時代もある。いまでは、それも古い。スマホでネット検索すると難しい用語も出てくるし、外国語の辞書も見つかる。紙の辞書は使わない時代になった。ペーパーレスの時代ですからね、と年寄りの愚痴を言いたくもなるが、仕方がない。

ただ、どうも国語力は下がっている。やはり国語辞典は頻繁に使用するべきである。その際、知らない言葉を辞書で見て、そのまま使うのは愚挙である。たいてい間違う。言葉はその語彙が頭に入っていて、用例を何度か見たことがあって、しかもある程度使いこなせなければ、失敗するのがオチである。特に、若いうちは難しい単語を使いたがるが、難しい単語を使って使い方を間違えると、かえってバカさ加減が露呈することになる。国語辞典も個性があって、読み比べると面白い。『新明解国語辞典』でクスリと笑って、『旺文社国語辞典』を経由して、『広辞苑』でなるほどと落ち着く、というのは国語辞典散歩法としてお勧めしたい。

Ｗｉｋｉｐｅｄｉａというのも注意が必要である。内容に保証はないが、無料であれだけ幅広い知識を提供しているのはすばらしい。ときどき、「寄付をしてください」という通知が繰り返し表示されるが、それはともかく、すばらしい企画である。

ところが大きな問題が起こった。学生たちがプレゼンすると、一定のすばらしい内容の発表をするのだが、どうもワンパターンである。しかも、レポートを提出させると、同じ内容のレポートがやたら多い。みなＷｉｋｉｐｅｄｉａをコピペしていることが分かったのである。図書館にも行かず、本も買わず、自分で本を調べないで、Ｗｉｋｉｐｅｄｉａですぐ必要な情報が、自分のパソコンのファイルにコピーできるのだ。ＰＤＦファイルだったら、文書ファイルにできないものもあるけれど、スキャンして文字データ化すれば、やはり簡単にレポートにはなる。

その結果、教官の仕事は、提出されたレポートがコピペしたもの、つまり盗作かどうかを判定することに落ち着き、その見極める能力を磨き、提出されたレポートが本人の努力の賜物か見抜くこととなった。

Ｗｉｋｉｐｅｄｉａではなくて、大学院生の書いた論文に手を加えて、卒論に転用・盗作するというのも増えてきた。慣れてくると、学部卒業生に書けるレベルかどうか判定して、専門家のレベル、大学院生のレベル、雑誌のレベル、Ｗｉｋｉｐｅｄｉａのレベルを見抜く力もついてくる。

どんなにすばらしい内容が書いてあっても盗作は〇点だし、内容がいくらなくても、たとえば「へのへのもへじ」の繰り返ししか書いていないとしても、哲学の試験で答案の裏表「哲学哲学……」としか書いていないとしても、筆記の努力に対して、点数を与えることはできる。しかし、盗作は富士山より高く積み上げた原稿でも〇点である。

心得

最低三種類の国語辞典は常備し、常時調べよう。辞書は調べるものではなく、舐めるように読むものだ。懇《ねんご》ろに辞書に淫するようでないと文章はなかなか書けない。

《題材・テーマ》を決めろ！

論文を書く以上、《題材・テーマ》を決めないといけない。この《題材・テーマ》というのも、勘違いしやすいものである。例えば、「手塚治虫のマンガ研究」というのは、《題材・テーマ》となるのだろうか。もちろん、こういうのを《題材・テーマ》として認める先生もいるけれど、私の考えでは、《題材・テーマ》になっとらん。「東京に行きます」というのと同じである。鉄道・飛行機・バス・自家用車・バイクなど、何を使って行くのか分かってないといけないし、しかも鉄道ならば、新幹線なのか各駅停車なのかも分かってないといけない。さらに、「東京に行く」というのであれば、「東京のどこに、何しに行くか」を決めないといけない。田舎の若者だと、「なんとなく東京に行ってみたい」というのが多いけれど、論文でもそれに類した者は少なくない。「ドゥルーズで論文を書いてみたい」とのたまう。「なぜドゥルーズなのだ？」と尋ねると、「なんとなく面白そうだから」とのたまう。「なんとなく」決めて、それで話が済むのならば、人生とは楽なものだ。そういうのは、料理で言えば、「中華料理が食いたい」というのと同じで、何が食いたいのか、周りの人間にはさっぱり分からない。

要するに、他人には分からないということが分からないのだ。おまかせやコースや定食ばかり食べているせいなのか。論文でも、おまかせやコースや定食があればよいが、そうは問屋がおろさない。もちろん、論文自動作成ソフトが完成すれば、全部「おまかせ」で済むようになるが、そうなると大学も学者も学生もこの世に必要なくなる。一長一短である。

《題材・テーマ》とは、客観的に存在する事象ではない。こちらからの、アプローチ、方法、道具、手段、技術によって、姿を変えてくる生き物なのである。論文の《題材・テーマ》とは、大学入試の試験やクイズの解答のように、初めから答えが決まっているようなものではない。

《題材・テーマ》とは、比較的広い問題領域を指すものだ。とりあえず、マンガに興味があるから、ということで、マンガを《題材・テーマ》を決めるための入口にしてもよいが、《題材・テーマ》のなかにどのような問題が含まれており、何が論じるに値するのか、ある程度見当がついていなければならない。

したがって、《題材・テーマ》を決めるとは、《題材・テーマ》を取り扱う方法・手段まで含めて、決めるということだ。これまでどのように扱われてきたか、そして、扱い方のなかで、どれが生産的で、どれがしょうもないのか、全部とは言わないまでも、ある程度知っておく必要がある。

この辺の準備の加減で、とんでもない勘違いが起こる。マンガがとても好きな学生がいて、「現代日本のマンガに関する研究」を《題材・テーマ》にしたいというようなのは、言語道断であるが、当の学生の方は、どこが言語道断なのか分からないのが常である。対象の広がりがとんでもなく広くて無理というばかりでなく、手段・方法がないのだ。月にはしごを掛ける笑い話と同じである。ところが、「月にはしごを掛けるのと同じだ」と言っても、たいてい気づかないから、なかなか笑える話のはずだが、私が関係者である場合には笑ってもいられない。顔がひきつるだけである。

ということで、《題材・テーマ》を決めるまでに大騒動である。たいてい、三、四回カウンセリングする必要がある。持ってきた《題材・テーマ》がなぜダメなのか、理由を説明した上で、「でもやっぱりそういうことがやりたいんです」とごねる学生を説得する必要が出てくる。ほとんど折伏《しゃくぶく》である。そういうときは修験道の知識が役に立つ。

《題材・テーマ》が決まるまで一大事だが、その後で、《主題》を決めないといけない。なお、《題材・テーマ》も《主題》も同じような意味で使う場合もあるが、ここではあえて分けて考えている。

《主題》というのは、私の考えでは、《題材・テーマ》より限定されたもので、論文が実際に扱う、特定の領域のことである。「ドゥルーズにおける強度と個体化」というのであれば、かなり限定されており、論文のタイトルにもできないわけではない。《主題》が決まれば、だいたいタイトルも決まってくる。もちろん、《主題》を決めるのも一苦労である。次に《主題》の決め方を考えてみよう。

《題材・テーマ》としては、ラーメン二郎に代表されるインスパイア系ラーメンということはありうる。しかしそのままでは、論文として扱えるものとなっていない。論文として扱える素材になるためには、問題としての目鼻、問題の姿が見えていなければならない。探究可能性の対象としての要素を準備してあるものが《主題》だと私は思う。アカデミック・リテラシーにおいて明言されることではないが、私自身の長年の経験では《題材・テーマ》と《主題》との間の距離は大きく、それを身体感覚（ハビトゥス）を使って、転ばないで歩いていけるかが大事な論文作法の要だと思う。

ラーメン二郎に関連して、《主題》を考えるとすると、「なぜ炎天下に行列に並んでまでラーメン二郎を食べたくなるのか」というのであれば、調べるべき事柄、結論として得られるものの姿が見えてくる。もちろん、答えなどは重要ではない。答えが出ないまま、中途半端で終わる問いかけでもよいが、探究可能性を備えた姿にまで問題を操作変形することが大事なのだ。その際、大事なのは問う本人が何を知りたいのかということだ。つまり、主題を見つけるとは、「自分探し」なのである。論文を執筆するとは、「自分自身への遥かな旅」なのである。文学部の論文はその側面を強く有する。自分探しが終わって、自分を忘れることができてこそ、自分という旅を歩むことができる。道元禅師が言うように、「仏道をならふといふは、自己をならふなり。自己をならふといふは、自己をわするるなり」という一節は、論文執筆法にも当てはまる重要事項なのである。この一節とアヴィセンナの「馬性はそれ自体では馬性に他ならない」という一節でかなりの哲学的問題は解決できると私は思うし、いつもそういう数少ない命題を唱えて私は何とかしてきた。人生は案外単純なんだと思う。

心得

・《題材・テーマ》を決める前に、その《題材・テーマ》について最低五冊は読んでおけ。準備がなければ、空白の時間は無限に続く。
・キーワードをいくつか設定しろ。キーワードは大事だ。キーワードの決まっていない論文なんて、玄関のない家屋のようなものだ。
・章立てを決めろ、柱を決めろ。構成は大事だ。構成のない論文なんて柱のない家のようなものだ。
・面白い《題材・テーマ》には罠がある。面白そうな《題材・テーマ》に騙されて、人生台無しにすることよくありますよ。

《題材・テーマ》を磨け！

論文の《題材・テーマ》を発見した後、それをどうやって《主題》に磨き上げ、論文に育てていくのか、それについてはいろいろな本がある。梅棹忠夫『知的生産の技術』、外山滋比古『思考の整理学』でもよい。論文の筋道や論文の構築法については、戸田山和久『新版　論文の教室』でよい。

面倒なのは、見つけた論文のネタをどうやって、論文的な作業のレベルにまで向上させていくのかだ。いつもこれで苦労する。論文のネタを発見するのもかなり大変だが、それを論文としての成長能力を持ったレベルまで上げていくのが大変なのである。圧倒的多くのものが、論文としての《題材・テーマ》になりえないものにとどまっていて、それを修正しながら、論文の《題材・テーマ》としての条件を満たすものに直していくのか、それが大事なのである。

ミニ盆栽の感覚でいろいろ修正を加えて、枝の向きを変えたり、それらしく仕上げていく必要があるのだ。一番多く見かけるのは、自分にとって一番関心のある問題というのはそのままではほとんど論文の《題材・テーマ》にならないということである。そして、社会において問題となっているアクチュアルで重要な問題はまず論文の《題材・テーマ》としては成り立たないということ、つまり役に立ちそうな《題材・テーマ》は論文にはならないということは銘記しておく必要がある。地球温暖化が進み、それに対して、グレタちゃんのように私も貢献したいと思うことは偉いし、立派なことだが、論文的作業とは縁もゆかりもない、これは銘記すべきだ。社会の役に立つことを論文一本でできるわけないのであり、自分でできることと問題の解決との隔たりを、冷静に心を迷わせることなく、自分の能力を過大評価せず、しかし自分の無力さに絶望せず、段取りを設定し、それを焦りもせず怠けることなく一歩一歩進める者だけが問題の解決に貢献できるのだ。大学に入って専門を決めるときも、役に立つ学問ばかり目指す輩が多くて困る（ブッブッ）。

この世に無駄なものなど何一つないのである。人様の目につき、「手柄を立てたね」と褒められそうな仕事は、ほとんど存在せず、多くの人との協力関係において、何の役に立っているのか分からない仕事をしてこそ、役に立っているのである。と、年を取るとお説教をしたくなってしまう。ともかくも、論文の育て方は、実際のものを見ていくのがよい。

論文《題材・テーマ》発見法

「健全な精神が健全な身体に宿りますようにと祈るべきである」（orandum est ut sit mens sana in corpore sano.）（ユウェナリウス『風刺詩』第十編356）

この「健全な精神が健全な身体に」という言葉は、スポーツをしてこそ健全な精神が宿るという意味合いで用いられる。しかし本来の意味は、健全な身体が与えられていても、天は二物を与えずで、健全な精神が宿っているとは限らない、だから天が二物を与えて、健全な精神と健全な肉体の両方が与えられたら、それこそすばらしいことだ、それが実現するように祈りましょう、という意味である。

現在では、この格言は誤用されていると言ってよい。この格言がどのように誤解され、誤用されるようになっていったのか、たしかなことは知らないけれど、明治時代における日本の体育教育哲学についてだれかが考え出したのか、それとも西洋において、中世か、ルネサンスか、またはその後の近代的教育において捻じれていったのか、調べてみると面白い。

健全な精神と健全な身体とを結びつけて安心してしまうのは、本当にいろいろと問題がある。論文を検索して、これまで書かれたことがあるのか、調べてみるのは案外大変なのだが、その検索の過程でいろいろと自分にふさわしいネタが見つかったりする。金のわらじを履いてでも論文のネタ探しには汗水を流した方がよいのだ。

論文の《主題》の決め方

論文の《主題》はアイデア次第だ。これが実のところ、なかなか思いつかない。私が指導するときなどは、《題材・テーマ》が決まっていても、《主題》が決まるまで半年かかるのはザラである。なかなかアイデアは浮かばないものである。では、どうやって思いつけばよいのか、思いついたものをどのように仕上げていけばよいのか。私の例を挙げてみる。

ポーッとしているときや、夜中になると、私の場合、いろいろなアイデア（妄想）が浮かんでくる。

「カツラから見た紅白歌合戦」

大晦日に他にすることもないので紅白歌合戦を見ていると、歌はともかく、男性歌手の頭の方に目が行く。なんて見事な（見分けにくい）カツラなんだろうと感心している。私は紅白歌合戦ではカツラしか目に入らないのである。こういう「斬新」な視点で番組を見ることも重要である。《題材・テーマ》は日常のなかの疑問点から始まるが、このテーマは残念ながら、論文の《主題》としては不可である。

「メンマの分析論」

不可、断然不可。ラーメンを食べているときに、メンマを評価・吟味するためのカテゴリー表を、ア・プリオリに演繹することを思いついたが、すぐに意味がないことに気づいた。《主題》に心を奪われて、気づいたときには目の前のラーメンがなくなり、汁だけになっていた。なぜか捨て難い《主題》ではある。

どうも変な題しか浮かんでこない。いつも頭のなかはミソクソ一緒で、カオス状態にあるのだが、スコラの哲学書を読むと、不思議なくらい心が落ち着き、光が射し込んでくるのである。ただし、万人向けではないし、また、スコラ哲学という秘密の花園は、できるだけ独り占めにしておきたい。幸いなことに、スコラ哲学と松本大洋や岡崎京子のマンガを、同じ気分で、同じ喜びを持ちながら読める人は、私を含めて三人しか知らない。

「忘却の哲学」

これは何とかなるかもしれないので、論文構想の過程を、シミュレーションして、ちょっと考えてみよう。人が亡くなると、悲痛の念は耐え難いものだ。しかし、情け容赦なく押し寄せる雑事の波を取り計らっていると、いつのまにやら時も過ぎ、「去る者は日々に疎し」というのが分かるようになってくる。忘却というのは、認識や記憶と同じように重要な精神の機能である。《主題》は、忘却とはハビトゥスであり、生きる力であるということになる。この《主題》で、だれかに書いてくださいと言われれば、いつでも書く準備はあるけれど、頼んでくる人はいないだろうね。

しかし、「忘却」という問題は、哲学や心の思想史ではあまり扱われてこなかった。したがって、論文の《題材・テーマ》としては成り立ちそうだ。忘却を主題的に扱った古典的著作は皆無である。心理学や大脳生理学ではそういう本はあるかもしれないし、そういった方面の知識もある程度必要だが、それだけでは不十分である。インターネットでサーチエンジンを使って検索してみればよいのだろうか。そういうのは、ロクなサイトがないことばかりでなく、心がけとしてもきわめてまずい。手足を使って、汗水流して、資料探索しないと使いようがない。というのも、論文執筆とは頭脳作業ではなく、肉体労働なのである。これは冗談ではなく、本当のことである。論文執筆の八割は肉体作業と考えた方がよい。論文とは汗で書かれた文章だ。

なお最近、学期末のレポートに、サーチエンジンで検索して、公開されている論文をそのままプリントアウトしてくる学生が増えてきた。ある私立大学に集中講義に行ったら、見事に、名前だけ変えて、インターネット上に公開されている論文を提出してきた学生がいた。自慢じゃないが、そういうのはすぐに分かる。もちろん、〇点をつけた。大学教官、舐めたらアカンで。

哲学事典を何冊か調べた方がよい。もちろん、英・独・仏・羅《ラテン》などの事典も使える能力があればなおさらよい。ただし、この本は論文執筆初心者を対象にしているから、外国語の事典は要求事項から外そう。でも、手近にある事典や、図書館でたまたま見つかった事典を一、二冊あたって調べたつもりになるのは、不可である。図書館の事典は案外古くて使い物にならないことが多い。よく「図書館にこういうのしかありませんでした」と言い訳する学生がいるが、そういうのは理由にならない。

まして、国語辞典を引いて、それで概念の説明にするのは言語道断である。中学校の国語の時間ではない。また、小辞典も使ってはならない。小辞典はあくまで携帯用である。

このように、事典の使い方一つで、論文執筆の基礎能力の有無が見破られてしまうのである。ちなみに、実際に哲学事典で「忘却」を調べると、載っていないようだ。

しかも、事典の内容はあまり信頼してはならない。ウソが多いし、たいていツマラナイからである。私自身、よく事典の項目を執筆するが、字数が少なすぎて、「これまでは〜と考えられてきたが、実は〜である」ということを書こうとすると、前半部だけで終わってしまうことも多いのだ。

事典に書いてあるのは最低限の予備知識であって、準備体操のようなものだ。あくまで情報検索をするための入口にすぎない。したがって、図書館を何カ所か回って、手当たり次第、関連のありそうなすべての事典で、「忘却」に関する事項を網羅的に見ておく必要がある。そして、どの事典が信頼できそうか見当をつけて、基礎知識を身につけ、関連してきそうな基本文献を調べておく。重要論文の情報があれば、それも記録しておく。その際、評価のついた文献表があればよいが、もし評価が分からなければ、複数の事典に記載されているもの、または、書名・題名から見て、使えるか使えないか、著者が信頼できそうな人か、自分の力で判定しないといけない。その際、有名人が書いているからといって、信頼できるわけではないことは肝に銘じておくべきだ。マスコミで評価されていることなどは、学問的評価と無関係である。新聞・テレビに出ているから信頼できると思うようでは、論文など書けない。大学教授という肩書で信頼してしまうようでもダメ。最新情報だとありがたいと思うのでもダメ。外国の偉い人だと信じてしまうのでもダメ。他人に責任転嫁してはダメだ。身近な先輩や友人や両親の話だとすぐ鵜呑みにするのもダメ。安直にすぐ他者に頼るようでは、論文なんか書けない。権威に盲従するというのは、ロクなことにならない。論文にしても、人生にしても、自分の行為の責任をとることが必要だ。

　こう書いてくると、事典も安心して調べられない、と心配になるかもしれないが、一つでも「これだ」という糸口が見つかったら、極楽から降りてきた「蜘蛛の糸」のようなものだ。糸を手繰っていけば、何とかなる。糸を手繰って、資料をたくさん集めるのが次の作業だ。できるだけたくさん、参考資料を集める。それは、動物的勘を目覚めさせるために、エサを集めることだ。というのも、大事なのは、自分の動物的勘だからだ。青白い理性的能力ではなく、肉体の奥底に潜んでいる動物的アンテナを引きずり出してきて、嗅ぎ当てるのだ。動物的衝動が根本にあって、その衝動が昂進してこないと、論文を書き進めることは楽ではない。

・なぜ論文モドキが大量製造されるのか

自分の興味あることをそのまま論文のテーマにしようという大胆不敵な思考をする学生が多いのだ。自分の関心のあることをテーマにして何が悪い！　と開き直られたりもする。しかし、ピザを頼んでお好み焼きが出てきたら、作り直せ！　というでしょ。それと同じことが論文執筆でもよく起こる。

第二章の《題材・テーマ》の見つけ方で、自分の関心や問題意識に向き合うには手間暇をかけろ、という話をした。「かわいい子には旅をさせろ」と同じ原理で、「論文のネタには苦労させて武者修行をさせよ」ということだ。

それで、「こんなに苦労しました」と出来上がった論文を持ってこられることはよくあるが、「あっ、これでは論文ではありませんよ！」と大騒ぎすることがある。一番多いのは、本や論文をたくさん読んでまとめましたという論文である。マジメで一生懸命なのはよいのだが、それでは論文ではないのだ。問題設定がないと論文ではないのだ。自分が何を論じたいのか、それをどのように理解しているのか、それを調べるプロセスを公開して、だれでもアクセスできるようにして、知の共通性をもたらす形式を備えたのが、論文だし、オリジナリティが現れる。自分の問題意識を手間暇かけて、生んで育てて一人前にして世に送り出すことが論文執筆なのだ。

デパートで買ってきたものや、図書館の本のダミーでは、いくら錦と勲章で着飾っていても、偽物なのだ。自分が手塩にかけて育てたものだけが、「マイ論文」と言えるのである。

資料を探せ!

第二章でも出したが、シルヴィ・バルタンの「アイドルを探せ」は、一九六三年の大ヒット歌謡曲だ。ウルトラマンのバルタン星人との関係はないのだが、頭のなかで連想が生じ、混乱する。しつこいというか、私の頭は古いレコードプレーヤーと同じで、一度同じメロディーにはまると繰り返してしまう。哲学用語で「ハビトゥス」という。だが、あまり関係ない。

ここで、探すべきなのは、アイドルではない。CDやDVDも最近の図書館には完備されているから、ついでに探すことを禁止はしない。いや、だが本気で探すべきなのは論文を書くための資料である。資料の収集が先立つのだが、テーマがちゃんと決まっていないと、無駄な資料ばかり集めることになる。最先端の資料が、日本語にはないとか、求めているアンケートや調査資料がどこにあって、どうすると入手できるのか、その辺の情報収集能力が必要だし、それを読解分析できる力も必要だ。

調査した結果の数値データを読み取るのに、統計の基礎知識もなくて、二つの事柄に相関性があると勝手に読み込んでも大笑いになるのがオチである。

この資料の調べ方、集め方は学問分野によって千差万別で一般化しにくい。工学部や理学部など理系の分野では、グループでの実験や調査が基本だから、資料やデータへのアプローチが文系とは異なっているのである。数学科や天文学や量子力学などは、使用する能力、技術、ハビトゥスが文系とはまったく異なっているが、データへのアプローチという点では似ている。

文系、文学部でも、社会学や心理学といった生のデータを使う分野と、文字や画像や遺跡や作品を扱う分野では、データへの向き合い方が異なる。

だからよくありがちなのだが、「学校でのいじめをなくすために倫理学の文献を読んで具体的な対応策を考えてみたいと思います」、「若者で自殺する人が増えています、なんとか彼らの苦しみを理解して、自殺する若者を減らしたい」という現実の問題に直接にコミットしたいという問題意識で卒論を書きたいという場合である。問題意識はすばらしい。大事にすべきだ。環境問題が人類を破滅に導いている、何とかしなければならない、ここまではすばらしい。しかし、それを論文で関わるということには大きな飛躍がある。空が青い、この青さをもっと強めたい、だからここで踊る、というのと近い。

古代アステカでは、太陽の運行を司るのが国王で、それを儀式において壮大に実行するための巨大装置が考案されていたのをテレビで見て、なるほどと思った。一人の人間では絶対的に無力であるが、そこを何とかしたいと思い、お百度参りをしたり、神仏に祈願をしたり、どうしようもないと知りながら、何とかしようと思う。

しかし、論文は事実に対して、非情で冷徹であるべきだ。生死は生きる人間にとって最も切実な問題だ。しかし、一遍上人は、颯爽《さっそう》と「生死は妄念なり」と喝破する。ストア哲学もそうだ。一人の人間が関わり、動かすことができるのは、家族の健康や健やかさなどほんの一部だ。人間は絶対的に無力である。しかし、一部の人間や、数多くの人間が集団になって知恵と労苦を傾注して新しい世界を生み出すことはできる。

重要なのは、一人では絶対的に無力であり、人間が集まらない限り大きなことはできない、ということと、論文を書くというのは一人で行う作業であるということだ。この実存的落差を目の前にして、「やっぱり論文を書くのはくだらないや」と思うか、「一人でできることはわずかだが、偶然性を受け入れ、未来への夢と希望を育てる受容器はいくら小さくてもこの〈私〉にしかない」と思うのかでは大きく異なる。トンボの複眼が小さな目の集合であるように、大きな事業は小さな夢の集積なのである。

資料を集めるためには、もちろん、お金と時間がかかる。お金と時間がなければ、論文は書けない。資料を集めたら、すべて当たりをつける必要がある。むさぼり食うのだ。全部読めというのではない。ほとんどの《題材・テーマ》は、調べると膨大な資料が見つかるはずだ。参考資料をあまり知らない、あまり集めていないというのは、それだけで、ロクな論文にならない。一生懸命考えれば、資料はあまりなくても、新しいことが発見できるなどという傲岸不遜《ごうがんふそん》なことは考えてはならない。そういうことができるのは、百人に一人といない。したがって、だれもいないと考えた方がよい。

集めた資料はどうすればよいのか。ここからが大事である。全部読んでいたら、たいていの《題材・テーマ》は時間がいくらあっても足りない。だから、《主題》にまで絞り込む必要が出てくる。初心者に課せられる論文で、一番時間がかかり、しかも時間が与えられるのは大学の卒業論文だろうが、せいぜい丸一年ぐらいしか余裕はない。にもかかわらず、集めた参考資料のほとんどを使いこなせるようでないといけない。すると、読まないで中身を理解する必要がある。ここで要領のよい人間と悪い人間の差が出てくる。読まないといっても、まったく読まないのではない。最初の数行と最後の数行、ないし最初のページと最後のページを読んで、何が書いてあり、どの程度の論文か判定しなければならないのである。使える論文であれば、精読する必要があるし、使えない論文と思えば、その場で要旨だけ頭に入れて、本棚にしまうわけである。つまり、全部読まないと分からない者は、全部読んでも分からないのである。生真面目《きまじめ》に、全部ていねいに読むというのは、愚の骨頂である。人生は短く、学問は長い（vita brevis, ars longa）。大学生の場合だと、おまけに、就職活動もある。

このようにして、当該問題については、どのような論点があり、主要な学説はどのようで、主要な見解としてはどのようなものがあるかが分かってくるのである。

この辺りは、論文ではほんの一合目である。ここで疲れるようではいけない。だから、肉体労働なのである。この後で、哲学の場合であれば、分析の対象とする主要テキストを定めて、精読していくことが始まる。

いくら書いてもきりがないから、ここで箇条書きにする。いまになっても、昔の落第論文のクセが出てくるところが、懲りないところだ。

・参考資料をだいたい把握したら、自分が論文で取り上げられそうな《主題》を選択する。
それぞれの《主題》について、段取り、つまり、シミュレーションをして、どれほどの作業と手間が待っているのか、見当をつけないといけない。この辺りは、近くに先生か先輩か先達がいれば、アドバイスをもらうのが賢明だ。

・《主題》を選択したら、なぜその《主題》を選ぶのか、なぜその《主題》を選ぶことに意味があるのか、それを論じることで何が結論として得られそうなのか、をいろいろ勘案して、問題意識を先鋭化していかないといけない。問題意識が曖昧で、調べて書いてみましたというのはマジメな学生にありがちなパターンだが、そういうのは「書いてあるだけの論文モドキ」である。

・問題意識と、選んだ主要テキストがうまく合致しているか検討する必要がある。だれが見ても、一目瞭然では当たり前すぎてつまらないし、結びつきがないようでは、よほど手慣れた器量がないと、論文が空中分解する。私の場合は、椎名林檎と西田幾多郎を結びつけようとして、空中分解した。案外、自分で空中分解する悦楽もあるが、人生まで空中分解すると困る。

・客観的に評価できる作業を論文の本体にする。客観的とはどういうことか。これは、自分が使った材料を提示し、その入手方法も明示（出版社や収録雑誌の情報を載せることだ）し、しかも、その資料をどの視点・問題意識から読むのか、どこを読んだのかを、他人（論文の読み手）が追試できるようにしておくということである。追試できるのに十分な情報を明示していない論文はチョンボであり、感想文程度のものでしかない。追試可能性が客観性ということであり、その追試可能性を備えた論文が、説得力のある論文ということなのだ。

学問分野のお作法の違い――社会科学系と人文科学系

学問分野が違うと論文の作法もずいぶんと異なってくる。社会科学と人文科学では方法論が根本的に異なっている。社会学、心理学は、十九世紀にそのディシプリン独自に研究の方法論を確立することで哲学から独立することができた。経済学と倫理学も連続的な配置になっていたが、経済学が計量的な視点を取り入れ、方法論を作り上げることで倫理学から独立できた。社会学も、心理学もモデル化を行い、そのモデルの探究に自然科学的な方法や実験を用いることによって、実証性を獲得できたのである。十九世紀以前であれば、経済学も哲学もほとんど同じように区分されていたのだから、時代も変わった。

人文科学の方は、個別的な作品、作者、出来事、人物を扱うことが多い。個別性が重視されるのであり、モデル化しにくいのである。テキスト、作品、資料など、扱う資料の違いによって、操作するための能力・技術も異なってくるので、この面でのアカデミック・スキルは訓練を受けて、身につけるしかないのである。だからこそ、人文科学は本当にたくさんのディシプリンが寄せ集めのように集合してしまうのだが、それは方法論から考えても仕方がないのである。

方法論においても、最終的目標にしてもさまざまなのだが、論理的思考という点では共通性がある。推理分析能力という点は**汎用性**がある。論文執筆において身につけた汎用性のある能力は役に立つものなのである。これはたしかだ。そして、この能力は論理学の問題を解くことで部分的には養われるが、具体的な問題への適用、偶然と個別性に塗《まみ》れた問題に適用するには、特殊な実地的訓練が必要なのである。つまり、論理学の練習は、論理学の教科書よりも、現実の個別的問題において養われるのである。つまり、論文を書くと、資料を扱う能力はさまざまであり、多様に分かれるが、論文を構成する能力は、論理的であって汎用性があり、役に立つのである。どんなに役に立たない細かい煩瑣な概念であっても、処理の仕方を身につけるとちゃんと役に立つのである。本書もまた、アヴィセンナの「馬性はそれ自体では馬性に他ならない」（馬性の格率）が役に立つことを立証して、役に立つし、もうかることを立証するために書こうという野望のもとに書き始められたのである。もちろん、野望を砕く借金の山というオチがついたのは、「はじめに」で書いたとおりである。

ともかくも、出典が何であり、自分はそれに対して何を考えたか、つまり、出典の内容と、それに対する論者の考えが判然と分かれているようでないと、論文とは言えない。資料をたくさん調べて、きれいに整理しても、自分の考えが明確に出されていないと論文ではない。

なお、「自分の考え」とは、青年の主張のように、声高に述べられることとは限らない。ここで勘違いする人が多い。自分の考えとは、重箱の隅をつつくような、一つの字句の解釈にも、明確に現れる。簡単に言えば、権威という武装を脱ぎ捨てて、自分一人で立ち向かい、その言説に責任をとるということだ。親や有名人や大学者に責任を転嫁するのではなく、自分の行為として、すべての責任を引き受け、その考えを述べることで、自分の人生を捨ててもいいと思えることだ。言い換えれば、身も心も裸になることだ。他人から攻撃されることを恐れ、鎧を脱げない人間は、論文も書けない。論文を書くとは、それがいかに学問的な装いをしていようと、己を書くことである。

要するに、論文とは正装した文章だが、いつでも裸になれる準備が必要なのだ。

論文の構成と段取り

論文を書き進める場合、どういう段取りで書き進めるかというのが、きわめて大事である。段取りがうまくつけられれば、論文は半分出来上がったのも同然だ。段取りをつけるとは、忙しくてなかなか集中できないときにできる仕事、やる気が湧かないときにできる仕事、調子に乗っているときにやる仕事、というように、自分の調子に合わせて、仕事の配分の見通しをあらかじめ立てておくことだ。調子がよいときに書くのは、だれでもできる。問題は調子の悪いとき、スランプのとき、動物的衝動が湧き起こってこないとき、時間を有効に使えるかどうかだ。論文を書いている最中にも、失恋があったり、就職活動全滅ということはある。論文執筆環境一揃いはどこにも売っていない。

段取りをつけておくには、論文の仕事を区分けしておかないといけない。区分けするには、論文の構成を知っておく必要がある。省略可能なものには（＊）印をつけておく。本体部分は、必ずしも三部構成になっている必要はないが、初心者には三部構成をお勧めする。

論文の構成

ⓐ表紙
表表紙 裏表紙
ⓑ目次
目次 凡例（＊）
ⓒ論文本体
前書き **第一章** 　第一節 　第二節 　第三節 **第二章** 　第一節 　…… **第三章** 　第一節 　…… 結語・結論 註 文献表 主要テキスト 参考文献 　単行本 　参考論文
ⓓ謝辞（＊）

もっと複雑なバージョンはいくらでもあるが、これを基本形式にして話を進めよう。それぞれの項目について少しコメントをつけておく。論文は、構成がしっかりしているとそれなりに何とかまとまったものになる。「人形は顔が命」であるとすると、論文は構成が命なのである。特に、章・節構成がしっかりしていると、論文も着陸のしようがある。構成そのもののうちに、文章を引っ張っていく力がある。進まざるをえない文章の道が、目の前に現れるのである。話の筋道が、文章として自ずから〈形〉を成していくと言ってもよい。だからこそ、この構成というのは大事だ。

「表紙」はまあ、最後に書くからよいとして、「目次」はかなり大事である。最初に、章と節の題名が決まっていないとダメだ。もちろん、書いている最中で、変わることもある。それはよい。よくあるのは、第一章の第一節を書いているうちに、あまりに長くなってしまって、話が脱線し、しかも時間切れになって、第二章、第三章が短くなり、考察が不十分になるというパターンである。第一章の部分がかなり独創性があって、深い分析があっても、論文の評価としては高くならない。論文としてはまとまりが悪いというか、尻切れトンボというか、中途半端で、問題設定に答えられていないという結果になりがちである。時間と労力の配分も大事だ。目次は、そういう意味でスケジュール表の意味もある。

また、論文の全体が、まとまっているか、論文として成立しているかどうかを調べる、簡単な方法がある。三分以内に、専門用語をあまり使わないで、一般の人に分かりやすく、《主題》と結論と手順を説明できるかどうかである。口述試験のときによくあることだが、まとまりの悪い論文ほど、内容要約に手間取る。聞いている方はイライラする。五分以上かかるのはたいていまとまっていない。よい論文は簡単に要約できるものである。

論文のアウトライン

「起承転結」とか言う学生がかなりいる。よほどひどい国語教育を受けたのであろう。頭のなかに「起承転結」という言葉が思い浮かぶようであれば、論文とは馴染まないし、起承転結なんて現実には使い道がない。そういう言葉が使いたい人は、まずタイムマシンを作って、中国の唐時代か日本の平安時代にでも飛んで行ってください。そこではちゃんと使えるでしょう。

論文のテーマは、釣ってきた魚と同じで、捌《さば》いて下処理して調理ができる状態にまで手を加えなければならないのである。マグロを一匹釣ってきて、「頭から丸ごと食べてください」と言われても食べようがない。丸ごと食べたら血だらけになってしまう。丸ごと一匹のままでは、フライパンでも焼けないし、そもそもまな板にも載りはしない。

生きたままのテーマなんて扱えるわけはない。生きたテーマではなく、テーマを細かく捌いて、料理するしかないのだ。しかも、それをマグロの刺身と煮つけとてんぷらとメンチカツとステーキというように、最初から最後までマグロ尽くしで攻められても、ご馳走なのか修行なのかよく分からない。

自分が知りたいけれどあまり知らないのでそれを知るためにテーマとして選ぶ学生が多い。また、具体的な問題に対してその問題に解決はできないとしても何とか解決への方向性でも見つけたいと思い、卒論テーマにする学生も多い。両方とも立派な心がけである。

しかし、心がけが立派であっても、よい論文への出発点としてよいわけではない。現場を体験してきたり、社会人で入学してこられる方も、問題意識は鮮明で、勉学意欲が旺盛で、激しく論文執筆への気力を示す方も多い。

論文は、気力で書くものではないので、気力が空回りして、「カラカラ」と音ばかり鳴り響くということがないように注意するのが重要だ。

その分野の専門家でない者が、論文を書くのも初めてで、その分野についても学び始めたばかりの場合、扱えることはほんの少しであり、論文として問題の解決に貢献できることはほとんどないと言ってよい。では、無駄なのか、役に立たないということなのかと言えば、まったくそうではない。マグロだって、ちゃんとした下準備があれば、大トロの柵をチョイチョイと切れば、高級な刺身ができるように、下準備が大事であり、そういったすばらしい結果につながる手柄は、一人の人間に帰属することではないのである。ペトラルカは不朽の名声を求めたが、人間の偉大な業績は個人に帰せられるものではなく、数多くの人々により栄誉が与えられるべきことなのだ。自分一人の手柄など、どうでもよい。最後の審判は、一人一人が神の前に立つと言われているが、本当は集団や共同体でしか立つことは許されていないと私は思う。ちょっとカトリック的すぎるかもしれないが。

論文の構成というものを十分に考えておかないととんでもないことになる。ただ、書いたことがないとこの「とんでもないこと」というのが分からない。「限界集落におけるデジタル・デバイド問題とその対策」というのでもよいが、「スマホ時代における公共倫理性の問題」というテーマを材料にして、論文の構成がどうなるのか、シミュレーションをしてみよう。

「スマホ時代における公共倫理性の問題」ということで、具体的な問題がイメージされているとよい。アパートの隣の住人が、スマホの音量を上げて夜中に通話するのでうるさくてノイローゼになるというような身近すぎるテーマでは、かえって書きにくいが、スマホで通話しながらの自動車運転が注意力散漫になって、通学途中の小学生の列に飛び込み被害者が多数生じたというような問題がイメージにあれば、問題が論文を牽引する力は大きい。自分にとってどうでもよい問題は、論じる力が湧きにくい。

と言っても、「大学生のストレス昂進期における回避行動に関する研究」という卒論を心理学の学生が考えたが、中身を聞くと、あまり大学にも行かずマージャンばかりやっていて、たばこの本数が増えがちだが、どのような場合に吸うたばこの本数が増えるかを実証的研究したという、なんじゃ、ソリャ！　という卒論だったという。自分の関心にあっていればそれで許されるというわけではない。

論じる問題との間には、客観的に見つめるための距離が必要である。これは、哲学者の思想や小説家の作品を扱う場合でも同じである。問題に接近しようとする心が強すぎると、問題を「論じる」というより、「ストーカー」しているようになってしまう。

スマホの使用に関するデータを、卒論のテーマにするという流れをたどってみよう。そのとき、総務省「情報通信白書」「通信利用動向調査」「国勢調査」、情報通信ネットワーク産業協会「通信機器中期需要予測」「モバイル通信端末の利用実態調査」、経済産業省「動態統計」、内閣府「青少年のインターネット利用環境実態調査」などと、統計資料を羅列して、少し調べてますという顔をする学生がいる。統計資料の名前をネットで調べても、その資料のダウンロードをいくらしても、それは調べるうちには入っていない。

新聞や雑誌やネットでの記事を膨大に収集して、準備を進めていますというような学生も危ない。そんなのは準備と言えない。料理ができない。マグロ一匹捕まえてきて、「これで鉄火丼作ります、先生食べてください」と自信満々に言う学生に対しては、「鉄火丼までの道のりは遥かだね」と言うしかない。

資料を集めるのは当然のことなのだが、それは手柄になるような人に褒められるようなことでもなくて、出発点に立つ前の準備作業でしかないということだ。カレーを作るんだったら、ジャガイモの準備で、畑から掘ってきたジャガイモの土を払い、洗っておくという段階に対応する。カレーの料理を自慢するのはよいけれど、そのときに、「ジャガイモを畑から引っこ抜いて洗っておきました！」と自慢する人はいない。

学校では先生から全部教わり、パソコンをいじっても、ネットから得られる情報を、「次のURLを調べて取り出しましょう」と人から教わって「待ち受け」の状態で学ぶことが身につくと、自分で調べて、その情報を収集してくることが手柄に思えてくる。しかしそれでは、「縄文的情報時代」と言われても仕方がない。

データや資料を見ていくと、地方の農山村の六〇代以上の世代でデジタル・デバイドの状況が生じ、大きな不利益が見られる、ということを、自分の祖父や祖母で見聞きして、それを改善しようと思う場合、データや資料から事実の様子を見極め、自分の関係する個別的な事例との対応関係を考える必要がある。

一般的な法則性と、個別事例との対応関係を見極めるのも案外手間暇がかかることなのだ。データや資料の収集では汗水流す必要があるのだ。昔、ピアスに関する意識調査をするためにアンケート調査に協力したことがある。有意義なアンケートを作成するためには、それだけで何を調べるのか、何を知りたいのか、得られる結果についての仮説が必要だ。何も考えなければアンケートの項目も浮かばない。出来合いのアンケートを使用するとか、だれかが行った調査を使用するのは、楽ではあるが、その資料に到達する手間や信頼性や自分の研究との関連性など、考えるべきことは数多い。

さらにまた、高校生や大学生からアンケート調査をして、五〇〇名分を集めるためには、高校側の協力、大学の授業でアンケートを取ることの許可なども手間がかかる。

集めても、それを集計する必要がある。膨大な手間と労力が必要だ。こういう準備に関する段取りを手際よく設計でき、そしてそれを実行する気力と体力と能力と技術と資力があるかどうかが、重要である。足りないところがあったら、それをどうすれば補えるか、考える必要がある。こういうアカデミックな研究とは無縁な汗水流す作業を手際よく、設計できるか、これが「学問力」なのである。当然、こういうものが身につけば実社会でも役に立つ。分野を問わず、応用できるのだ。

ここで、論文の構想の実例を挙げて、考えてみよう。紙幅の関係もあって、一つの例を紹介する。

【例】

「大衆文化の成立過程とその仕組みから見る社会の構造」
・概要「流行」はどのようにして生み出されるのだろうか。あるものが「流行する」ということは、それが多くの人に受け入れられ大衆文化の中に組み込まれることである。よって「流行」と「大衆文化」とは互いに関わり合っていると言える。そこで論文では、「流行」の成立する過程に注目して大衆文化とその仕組みについて考える。それらについて考えることから私たちの生活のフィールドである社会がどのように構築されるのかということを明らかにしたい。「流行」と「大衆文化」について考える際に日本のポピュラー音楽を題材に進めていく。

「流行」を扱うならば、日本語で読めるものに限定しても、ジンメルの流行論、タルド『模倣の法則』(風早八十二訳、而立社、一九二四年)、M・A・デカン『流行の社会心理学』(杉山光信・杉山恵美子訳、岩波書店、一九八二年)、ル・ボン『群衆心理』(桜井成夫訳、講談社学術文庫、一九九三年）などの古典的なものがあるほかに、新しいところでは、中島純一『メディアと流行の心理』（金子書房、一九九八年）がある。

さらに、自分が関心を持っている同時代的な現象はきわめて扱いにくいのである。同時代の現象は日々刻々変化しているし、それをリアルタイムで追いかけようとすれば、膨大な量の雑誌・新聞を調べなければならない。ところが、音楽雑誌のバックナンバーは、特に日本のポピュラー音楽となれば、普通の図書館には収蔵されていない。国会図書館や大宅壮一文庫にでも行かないと揃わない。地方にいれば、不可能とは言わないまでもまず無理である。東京に在住していても、必要な情報を探し出すのにあまりにも手間がかかりすぎる。つまり、資料収集の次元で無理がある。インターネットでお手軽に調べられるかと言えば、インターネットは「空の箱」だから、何も見つからない。現代の事象を扱うのは、エキスパートでないと無理なのだ。初心者が扱うと、穴だらけの論文が出来上がることになる。古典的文献ではなく、現代のアクチュアルな問題を扱いたいと希望を述べる学生は多いが、修業を長年積まないと、大店《おおだな》を商うことはできない。要するに、アクチュアルな問題を扱うと、努力次第で合格最低レベルには行けるだろうが、満足できるものにはほど遠いのである。

それに現代の問題を扱う場合には、古典的な枠組みも押さえておく必要がある。先人の苦労を踏まえないと、ロクなものにならない。古典的理論の研究だけでも論文になるほどだから、そういうのを踏まえて、現代の問題を扱うのはものすごく大変である。だから、エキスパートのやる仕事なのだ。世間に現代の事件を分析している本があふれているが、それらの本がだいたいつまらないのは古典を知らないからである。現代を扱うのは、他の人の数倍の努力を必要とするのである。これは、論文の《主題》を決めるときに肝に銘じておきたいところだ。

きれいな花には棘があり、魅力的な《主題》には落とし穴があるのだ。

なお、例に挙げた論文構想は変容を遂げて、最終的に「若者文化の変容について」となった。指導教官曰く、「若者文化の中でもロックを扱った、きわめて限定的な論文となった。資料調査が不十分で、本人も満足できないものになったが、手に入った資料を手間暇かけて分析しているところは評価できる。こういう《主題》は、指導教官泣かせの《主題》である」ということだった。

教訓

・新聞・雑誌・テレビでよく取り上げられる問題を、論文の《主題》にしてはならない。一〇年、いや二〇年早い。
・学問やるには、純情さが必要だ。面白い《主題》が見つかれば、いつでもそれを感じられるナイーブさが必要だ。学者になると失われやすい。

一つの例を挙げたわけだが、内容的にも形式的にもさまざまなものが考えられる。理系と文系では論文の形式も異なってくるが、そのすべてを記すことはできないので、各自工夫することが必要だろう。

第四章　論文を書いている間の作業

文章の基本作法

書いている最中に、文章について「あーだこーだ」言われると書く気が失せるのが普通である。「よっしゃよっしゃ、行け行けゴーゴー」と最後まで書かせる。とりあえず書き終わったら、いろいろ書き直させるわけだ。

とはいえ、最初から注意すべきことが分かっていれば、それに越したことはない。ここで、最近読んだ学生の論文に共通する難点についていくつか挙げておく。

・段落の最初の文字の字下げがなされていない。
→よく見かける。初歩の初歩である。そもそも段落とは何であるか、説明したくなってしまうが、中世の写本にまで遡って説明するとかえって分からなくなるから、省略。

・一文ごとに、段落を新しくする。
→これは小論文で案外多い。段落が分かっていない答案である。段落がなければ、議論の展開も見られない。当然のことながら、稚拙で読むに値しないものであることが多い。

・行の最初に、「。・、，」などの句読点が来ている。
　↓つまり禁則処理がなされていない。これは、小論文の場合も含め、よく見られる。靴を脱がないで畳に上がるようで、心証を害すること大。
・引用の字下げ（インデント）がなされていない。
・本文と引用の間に行あきがない。
　↓これでは、地の文と引用文が区別しにくい。しかも、引用文を「　」でくくっていなかったら、まったく区別できない。厳重注意が必要である。
・主述が呼応していない。
　↓きわめてよくある。私もよくやる。
・「〜だが、〜」というように、「が」で文章を続ける。
　↓論文、特に小論文では、フラフラした文章になり、よくない。
・引用文を『　』でくくり、著書名を「　」でくくっている。
　↓これも多い。
・体言止めをする。
　↓体言止めは論文の文章ではない。
・引用文献の該当ページが記されていない。

↓これもよくある。

・一文が長すぎる。

↓長い文章を制御できるのは上級者である。一文は短めがよい。

・一段落が長すぎる。

↓しかも、いくつもの段落にまたがることを一段落にしているのは、自分で内容を把握していないことの証拠と見なされる。

・「しかし」が多すぎる。

↓これは性格による。一度決めたら突き進むタイプには「しかし」が少ない。ためらいがちの慎重な人には「しかし」が多くなりがちだが、「しかし」が多いと論旨が分からなくなる。

・パソコンを使っているせいか、自分で書けない漢字を使ってある。

↓私もよくやるから、責められないが。

・形式名詞（例えば「こと」「もの」「とき」）を漢字で書く。

↓漢字が多ければよいわけではない。

・文中の引用に「……。」と句点が付いている。

【例】

誰が決めたわけでもない、しかし絶対的な「痩せたいと願うのは女性なら当然である。」という価値観は否応無しに私たちをダイエットに駆り立て……。

他にもありそうだが、この程度にしておく。文章の書き方を習ったのか、と思うことが少なくないが、私も卒業論文を書くとき文章が書けなかったから、現代の学校教育では教えないのかもしれない。

略号、記号の使用法については、後にまとめて記すとして、文章の作法に関わる点について一、二点触れておきたい。文章の展開の型については、「序破急」とか「起承転結」とかいうのが、国語便覧の類に必ず載っている。こういった型は、論文全体に適用されるものではなく、論文で言えば、節をまとめる場合に使うものである。つまり、かなり小さなユニットにしか使えない。しかも、私自身は「起承転結」や、「序破急」という形式を意識して使ったことは一度もないし、そういう形式を勧めたことも一度もない。有害無益だと思う。というのも、文章の型は、ルールとして頭で覚えるものではなく、体で身につけるもので、多くの文章を読み、自分でも文章を書き直したりしながら、自分のリズムに合った型を選べばよいのであって、それが序破急とか起承転結とか法則化されるのは心外である。そういうのは、「論文・小論文の書き方」を書く人が原稿の枚数を稼ぐために、頭のなかで妄想していればよいことと思われる。

頭括法、尾括法とかいろいろな整理があるが、あまり覚える必要はないと思う。そういう形式で書いてあっても、高い評価が得られるということはない。在原業平のように「心余りて言葉足らず」というように、形式は多少乱暴でも行間が詰まっている文章は迫力が感じられて、よい評価がもらえる場合もある。小手先の技術だと、すぐに見破られ、鼻につく。どうせ技術を使うならば、天衣無縫というように、技術がまったく感じられないように技術を使いこなせて、跡を消すように使うのであればよい。ただし、起承転結が一目瞭然となるように文章を書き、「私はこんなに文章の勉強をしました、しかし文章はヘタです」という様子をして、努力点をもらう作戦もある。初心者はえてして技術に走って、技術を使いたがる傾向にあるから、それくらいなら「ヘタウマ」に徹した方がまだよい。

心得 起承転結なんか、ゴミ箱へ!

記号を使いこなすのは大変である。しかし、編集者はそこにこだわる。そのために「偏執者」と呼ぶ人までいる。大学の先生も「偏執者」にいじめられているので、記号使用にうるさい人は多い。記号の使用法を間違っていると、私は、何よりも最初にそのことを指摘し、内容は放っておいて、記号使用法の説明に時間を費やしてしまう。機嫌が悪いときなど、記号の不正使用を見ると「オマエは人間か」と怒鳴りたくなってしまう。

簡単に記号の使用法について説明したい。記号の使い方は、論文のなかでは、「小技」であるが、料理でいえば、大根の面取りみたいなものだ。味に変わりがあるわけではないが、プロはそのような細かいところにも気を配る。

なお、具体例を示す場合、出版社、出版年、ページ数を表記しなかったが、論文を書く場合には必ずページ数まで表記すること。

まず、句読点の類（区切り記号）は最初にまとめて扱っておく。句読点（、。）については、使用法について説明を求める読者はいないだろうし、説明するとなるとかえって難しい。ただし、注意すべきところは多い。読点（、）については、その有無や場所によって、文意が変わってしまう場合もあることがよくある。読点はかなり執筆者の好みに関わるところがあり、ルール化することは難しい。特に、文章のリズム、スピードをどのように設定するかで、望ましい読点の量も変わってくるからだ。よい文章とは、文章のリズムと思想のリズムがうまく合致しているものだと私は思っている。初心者は、神経質になる必要はないが、中級者以上は、句読点、特に読点の付け方については、いくら神経質になっても神経質になりすぎることはない、と思う。

注意してほしいのは、パソコン原稿で横書きの場合、（、。）にするか、（，．）にするか、統一してほしい。どちらでもよいが、両者が混在していたり、（，。）（、．）という組み合わせは私の好みではない。なぜかこういう用例を見かける。現在ではそれらも許容範囲とするしかない。セミコロン（；）やコロン（：）は、本来欧文で用いられるもので、日本文にはない表記方法だ。英語などで参考文献を表記する場合に、用いることがあるかもしれないが、これについては後で記す。

心得　句読点に神経の行き届いていない文章は、だらしない。

少し記号についてこだわってみよう。この点について一番マニアックなのが、中村健一『論文執筆ルールブック』（日本エディタースクール出版部、一九八八年）である。この本は、私には面白いが、初心者が読むとやる気が失せる。やる気がないときに読むとよいかもしれない。それはともかく、記号は、出版関係の人々には「約物《やくもの》」と呼ばれているが、大別

すると、

Ⅰ区切り記号
Ⅱくくり記号
Ⅲつなぎ記号
Ⅳ目印記号
Ⅴ省略記号

になるという。

なお、老爺心から、使い方の目安を〔　〕に付しておいた。〔＊〕印は一般的に使用されるものでお勧めというか、使いこなせるようになってほしいものである。

Ⅰ-i　**中黒**（・）〔＊〕

「ポツ」とか「中点」とも呼ばれる。単語を並べて記載する場合や、外国語や外国語の固有名詞を書く場合に用いる。

【例】

修験は山伏とも称され、むしろ山伏という名称の方がより一般的といえる。また行者とも呼ばれ、古くは山臥・験者・山の聖などとも称されている〔宮本袈裟雄『天狗と修験者』〕。

I－ii　**疑問符・耳だれ**（？）〔使用不可〕

論文に疑問符を使う人間は、論文そのものに疑問符を付けてやりたい。縦書きの論文には普通使わないし、横書き論文でも学術論文では普通使わない。使うと、文章感覚と見識を疑われる。しかし、使ってある例もいろいろ見かけるが、使わない方が無難である。例は省略する。

I－iii　**感嘆符・雨だれ**（！）〔使用不可〕

これも使わない。論文にこれを使ってあると、私は論文に疑問符を付けたくなる。例は省略。

I－iv　**コロン**（：）〔上級者向き〕

本来欧文用の記号で、横組み日本語に転用されるようになったものである。前後の文や語句を「これについては」という意味でつなぐ、とされる。特に、文献一覧や出典表記の場合に各データを追い込んで書くときに用いる。例は省略。

I-v　**セミコロン**（；）〔上級者向き〕

横書きの文章で、コロンを使った後でデータを追い込んで書く場合に使うが、日本語の論文にはあまり見かけないし、特殊な出典表記のときしか用いない。例は省略。

I-vi　**スラッシュ**（／）〔マニア向き〕

改行のある文章〔例えば詩や短歌〕を追い込んで続ける場合、その改行を示す記号として用いる。ただし、ジェンダー論が流行してからは、英語などで用いられる he/she つまり、「彼または彼女」というように、一方の性でなく、両者の性を含むものとして表現することが頻繁に行われるようになり、ジェンダーを気にする文章ではこのスラッシュがよく用いられる。使用は多少インフレ気味で、二重性を示す場合にも使用されている。これを使うと現代思想っぽい、カッコいい論文と見なされるようである。私も一度でいいから使ってみたい。

【例】

セックス／ジェンダーの区別は、性別化された身体と、文化的に構築されるジェンダーのあいだの、根本的な断絶を示唆することになる（ジュディス・バトラー『ジェンダー・トラブル』竹村和子訳）。

Ⅱ-i ひとえかぎ・鉤括弧（「　」）〔＊〕

「ひっかけ」とも言うらしい。会話や引用文を地の文から区別するために用いる。引用文が句点（。）で終わっていても、その引用の後に、地の文が続く場合は「。」は除くのがルールである。続けないで、それが一文の最後に来る場合には「。」を、〈ひとえかぎ〉の外に出すのがよい。

【例】

周囲の見物人の話声に聞き耳をたててみると、さまざまな会話が耳にとびこんでくる。「横浜からわざわざ見に来たんですよ」。「行列は皆、学生のアルバイトですよ」などなど（三宅和朗『古代の神社と祭り』）。

また、〈ひとえかぎ〉は、論文名や、本の一部の章名を挙げるときにも用いられる。

【例】

細川亮一「意味・時間・場所」『哲学年報』（九州大学文学部）［1991.3］

また主題として扱っている概念を強調し、際立たせる場合にも用いる。これは引用ではないが、案外頻繁に用いられる方法であり、使用法をマスターしてほしい。

【例】

「自分の考えを超えること」にいやおうなく出会ってしまうことがある。ぼくにそれがおとずれたのは一九九一年の夏。もう十年近くたつ。その年ぼくは失明した二十歳を少し越える男性Mの歩行訓練、つまり環境にある光以外のことをたよりに歩けるようになる練習をはじめてまぢかにみていた（佐々木正人『知覚はおわらない』）。

また、曰くありげに、あたかも他の人が使っている風な素振りをしながら、実は自分で作った表現で、由緒と権威を付けようとする場合、要するに、何でもない表現をエラソーに表す場合にも用いられる。これはよく使われる。

【例】

二度ぐらいでいばるなと言う人もいるだろうが、その後もいろいろこけているから「論文の反名人」という点で折り紙つきである（山内志朗『ぎりぎり合格への論文マニュアル』）。

Ⅱ－ii　ふたえかぎ・二重鉤括弧（『　』）〔＊〕

会話のなかに、さらに人の言葉を引用する場合や、作品名や定期刊行物、著書名を挙げる場合に用いる。論文の場合であれば、著書名や定期刊行物（雑誌）を挙げる場合に用いる。〈ひとえかぎ〉と〈ふたえかぎ〉を使い分けていないと、少なくとも文科系ではかなり怒られる。理系の先生では、あまり気にしない向きもあって、ものすごく驚いたことがある。私なぞは両者を使い間違えていると、それだけで「不可」をつけたくなる。

間違える人間が多いので繰り返すと、単行本や雑誌の名称には、『　』を使うこと。「　」は論文の名称用である。

【例】

ジュール・モヌロ『シュルレアリスムと聖なるもの』有田忠郎訳、吉夏社、二〇〇〇年

II-iii　括弧・丸括弧・パーレン（（））〔＊〕

断り書き、説明、註記などに用いる。また、原語を付す場合にも用いる。頻繁に使用される記号で、論文を書く場合に不可欠である。ただし、用法はかなり広く、一般原則を提示するのは困難かもしれない。（）は、以下に挙げる他の記号の代用としても用いられることも多いからだ。ぜひとも使いこなせるようになってほしい。

【例】

独立独歩（self-reliance）は、ラルフ・ウォルドー・エマーソンの同じ題の有名なエッセーから始まった一九世紀の言葉だが、今日でも、私たちと話した人々の口からよく聞かれたものだった（R・N・ベラーほか『心の習慣』島薗進・中村圭志訳）。

なお原語を付す場合には　例えば「共約不可能性 incommensurability」というように、

半角（二分の一文字分）をあけて付記する場合もある。あまりにも（ ）が多くなる場合にはそうする手もある。もちろん、（ ）を使用するかしないかは、最初から最後まで一貫していなければいけない。

Ⅱ－ⅳ 山がた・山パーレン（〈 〉）〔＊〕

これは一般的な語句に、特殊な意味合いを込めて使用する場合に用いることが多い。なお、全角（一字分）パーレンではなく全角の不等号記号を使うと、＜やまがた＞と無様《ぶざま》なので避けた方がよい。

【例】

市民という名の〈大人〉たちで世は溢れている。かれらは傍観者であるから、世俗的公共体に背を向ける仕方について全く考えたことはないし、高々それを、戦争や革命という形態か、犯罪や逃避という形態でしか表象しないのである（小泉義之『兵士デカルト』）。

Ⅱ－ⅴ 亀甲《きっこう》（〔 〕）〔上級者向き〕

次に挙げるブラケット（［ ］）と似ているが、亀甲は、単なる言い換えではなくて、註釈的説明や訳註を付記する場合に用いることが多い。また、翻訳の際に、意味をより明確にしたり、解釈を助けるために訳者が補う場合にも用いる。使いこなせないと無様なのでお勧めしない。

【例一】

キリスト教政治理論の全歴史は、この〔パウロの手になる〕聖句に対する絶えざる註解以外の何ものでもないと言って差しつかえない（ダントレーヴ『政治思想への中世の貢献』友岡敏明・柴田平三郎訳）。

【例二】

ラテン語のごく初期のパピルスは、十八世紀にヘルクラヌム〔イタリア南端部にあるローマ時代の古都〕で見つけられた（シャルル・イグーネ『文字』矢島文夫訳）。

また、〔＝　〕と表記される場合も多い。

【例】

「体質」（＝構造、憲法という意味もある）、「組織」といった隠喩は、すでにいつも、身体と意識の間や、生物学的・心理学的・社会学的領域の間の懸け橋になっていた（バーバラ・ドゥーデン『女の皮膚の下』井上茂子訳）。

II-vi　角括弧・ブラケット（［　］）〔上級者向き〕

ある語句があって、それに別の言い方がある場合、例えば、キリスト教の宗派によって、呼び方が異なる場合や、翻訳で代名詞の指示するものを明示したい場合などに用いる。また、言い換えとして用いる。必要がなければ使わないのが無難。［　］と（　）の使い分けを知らないのであれば、こういう記号を使うのは一〇年早い。なお、私は『天使の記号学』（岩波書店）のゲラ刷り校正の段階で教えられるまで、［　］と（　）の区別が分かっていなかった。

【例一】

たとえばキリスト［ハリストス］の復活、つまり磔刑にうちかった勝利を祝う復活大祭の日のことを考えてみよう（オリヴィエ・クレマン『東方正教会』冷牟田修二・白石治朗訳）。

【例二】

もしも主体性というものが、これ［空しきもの］ではなく、これプラス私の身体だとするならば、主体性の働きが身体の目的論（teleologie）によって担われないなどということが、どうしてあろうか（M・メルロ＝ポンティ『見えるものと見えないもの』中島盛夫監訳）。

Ⅱ－ⅶ　**ブレース**（︷　︸）〔世捨て人向け〕

使うなら使ってみろ。数学ぐらいでしか使わないだろ。例は省略。

Ⅱ－ⅷ　**二重山がた**（《　》）〔上級者向き〕

私は好きでよく使う。ダブル・クォーテーション・マークや二重鉤括弧と同じように用いることもされるが、ある用語に一般に用いられる場合と異なった意味を持たせ、キーワードとして注意を喚起したい場合などに用いる。スポットライト効果がある。ただし、使い方に明確なルールがあるとは思えない。人によって、使い方がさまざまである。

【例】

ここにいう受け手はいわゆる「広告‐の‐受け手」ではありえない。それは、遊動空間の動態的な構築過程に自らの身体をもって参画する《享受者》であったのだ（北田暁大『広告の誕生』）。

II‐ix　**アポ**（‘ ’）〔趣向〕

「クォーテーション・マーク」とか「シングル・クォーテーション・マーク」とも言われる。欧文では、引用文をくくるために用いられるが、横組みの日本語に用いられるようになったもので、鉤括弧（「 」）と働きは同じである。縦書きには用いない。

II‐x　**ダブルアポ**（“ ”）〔趣向〕

「ダブル・クォーテーション・マーク」とも言われる。これは、一般に語句を引用する場合に用いられ、「 」内でさらに引用する場合が『 』で、さらにその内で引用する場合、“ ”を用いると説明される場合もある。つまり、引用が入れ子型になる場合、「『“ ”』」という形になるわけだ。ただし、欧語を引用する場合に用いられたり「 」で引用される場合と異なる評価・視点を組み入れる場合にも用いられる。これも縦書きには用いない。

【例】

カッシラーの「世界の表情性」やウェルナーの「相貌的知覚」の議論に近いもので、最近注目されている概念にスターンの“vitality effect”があります（鯨岡峻『原初的コミュニケーションの諸相』）。

また、外国語の文献の場合、論文を記す際は、このダブルアポを用いる。

【例】

Thomas O’Shuaughnessy, “St. Thomas’s Changing Estimate of Avicenna’s Teaching on Existence as an Accident”, *Modern Schoolman* 36 (1958–59) : 245–61.

縦書きの場合だと、「チョンチョン、ダブルミニュート（〝〟）」を用いることになる。

【例】

「日本人」（という概念）が〝生まれる〟とわたし達はいう。「日本人」（という概念）が〝生まれる〟とは、どういう事態だろうか（加藤典洋『日本人の自画像』）。

II‐xi　**すみつきパーレン（【　】）**〈趣向〉

「すみつきブラケット」「すみつき」とも言う。見出しを付ける場合に用いたりする。私自身はよく使用する。本書でも、**【例】**として使用しておいた。ただし、論文では普通用いない。

III‐i　**ダーシ（――）**〈趣向〉

二字分の罫である。「二倍ダーシ」とか言う。文を補足したり、語句を文章で説明する場合、挿入文の前後で使用する。細かく言うと、半角ダーシ、全角ダーシと二倍ダーシに分けられる。初心者にはこれらを区別して使うことは難しいし、パソコンでは、縦書きの場合はたいていうまく印刷できないので、あまり使わない方がよい。二倍ダーシだけは使いやすいが、印刷がうまくできない難がある。罫線を引いて、二倍ダーシの代わりに使ったこともあるが、無様なだけでなく、思わぬトラブルに巻き込まれる。二倍ダーシ（――）

と全角ダーシ（―）は使い分ける必要があるし、ハイフン（-）との区別は大事だ。私の場合、単語登録の仕方を使用するパソコンで統一していないから、混在して、ゲラを出してもらうと、校正の人からのチェックが入ってしまい、「二倍」とかたくさん書き込むことになっている。

【例】

パウロは、コリント教会から、諸種の質問――その内のひとつは霊の賜物について――を内容とした書簡を受け取った（弓山喜代馬『聖霊論』）。

Ⅲ－ii　リーダー、点線（……）〔＊〕

これも二字分の罫である。省略を表す場合に用いる。ここに挙げたのは三点リーダーだ。二点リーダーも印刷できたりしたが、それは規則外だ。三点リーダーが正統派で、二つ使って、六個の黒丸が並ぶ。三点リーダー一つでも問題はないが、二つ使うのが標準。

【例】

表現は対象のすべてを描けない。いや描こうとしないのである。むしろ、なるべく省略の度合いを高めることが、表現の経済原則に合致するのである。……表現はすべてを描かないが、すべてが表されているような感じをいだかせることを目指している。それを可能にしているのが、受容者側の補償の作用である（大石裕『コミュニケーション研究』）。

Ⅲ－ⅲ　**波ダーシ**（〜）〔＊〕

年号やページなどで「AからBまで」の範囲を示すために用いられる。説明はいらないだろう。年号で使用する場合は「（九八〇〜一〇三七）」というように使う。西暦を縦書きで表記する場合は、漢数字を使うのが標準である。命題を記号で表現する場合に、肯定命題をAとして、否定命題を〜Aと表記することもある。論理学で否定は一（マイナス）で表記することもあるが、ハイフンや全角ダーシと紛らわしいので、〜Aと表記してもらったりする。縦書きの文章に組み入れるとき、なかなか面倒なことが起こったりもする。使う人は少ないだろう。用例は省略。

Ⅲ－ⅳ　**二重ダーシ**（＝）〔上級者向き〕

ダーシと同じように、二分（半角）、全角、二倍のものに分類される。二分の二重ダーシは、外国人名や外国語のカタカナ表記の複合語をつなげるために使用される。

【例】

アブー・ナスル・ムハンマド・ブン・ムハンマド・ブン・タルハーン・ブン・ウザラグ・アル＝ファーラービー

これは、アラビア語の人名で、イブンまたはブン〔「息子」の意味〕やアル〔定冠詞〕の結びつきを示す場合に用いたり〔例：イブン＝ハルドゥーン〕、欧文で、複合的な名字を表す場合〔例：アンリ＝ジャン・マルタン〕に用いられる。本に書いてある通りに真似すればよいことで、厳密な使い方を覚える必要はないと思われる。

Ⅲ－Ⅴ　**イコール**（＝）〔上級者向き〕

言わずと知れた、数学の記号であるが、論文では語句の意味の同一性を示すために用いられる。これをある程度ちりばめると現代思想らしくなる。私も一度使ってみたい。そういえば、ドゥルーズの翻訳にはやたらとこのイコール記号が散乱している。

【例】

フロイトは、過去のなかに一挙に身を置いて、知と抵抗との、表象＝再現前化と阻止との生ける接続を遂行しなければならないと指摘していたのである〔ジル・ドゥルーズ『差異と反復』財津理訳〕。

この「表象＝再現前化」の原語は、representationであり、「表象」とも「再現前化」とも訳されるが、どちらか一方に限定しては、原語の意味が一面的にしか表現できないので、二つの訳語を足して、しかもそれが元の言語では一語であることを示すために用いられている。たしかに便利だが、初心者は真似しない方がよい。なお、全角ドリをよく見かけるが、半角ドリの方が間延びしなくてよい、と感じるのは私だけだろうか。

Ⅲ－vi　ハイフン（－）〔趣向〕

ダーシとハイフンは異なる。ハイフンは基本的に欧語で、外国語の分綴〔ブンテツと読む。読める初心者は少ないだろう〕や合成語を表す場合に用いられる。基本的に横書き向きだが、最近は縦書き日本語でも、二つの概念の密接な連関を示す場合に用いられる。この辺の使用法ははっきりしない。例は省略する。

つい、「偏執者」をやってしまった。ここまで凝る必要はないが、見ている人は見ていることを覚えておいてほしい。

教訓　大学教官には「偏執者」が多い。

傍点や傍線（横書きでは下線）も本などでよく使用される記号である。論文の場合、特に強調したいところに使うのは許容範囲だが、頻繁に使うのは避けたい。多用すると、力が入りすぎている感じになってしまう。

自分自身の文章に傍点を使うのは、〈 〉と同じような働きをして、普通とは異なる意味合いを含ませる場合に用いることもある。

【例】

知識はひとに宿る。知識は何かの知識であると同時に、必ず誰かの知識であって、個体であれ集合体であれ、一定の人格的主体への帰属関係を顧みることなしにその知識について論議することはできない（黒田亘『知識と行為』）。

ここに挙げた例の場合、「〈何かの〉知識」とか「〈誰かの〉知識」と表記すると奇妙なので、〈 〉と傍点は同じように使用されるわけでもない。この辺りは法則化できそうだが、好みの問題として済ませたい。
また、引用部分に関して特定の箇所を強調する場合に、傍点を使うことはよくあることであり、勧められることだ。その場合、「傍点は引用者による」とか「強調は筆者による」とかの断り書きが必要である。

【例】

「ハイデルベルクの小児病院で九歳の女の子が原因不明の脳障害によって死んだ。この子は全く意識がなく、脈拍その他からしても、一時間以内に死ぬだろうと思われた」（傍点引用者）（市野川容孝『身体／生命』）。

記号を使いこなすことは、なかなか難しいものだと改めて感じるし、論文そのものの評価と結びつくものではないから、習熟を目指す必要はない。この辺りで歴然とアマとプロの差が出ることになるが、初心者は気にしないのが一番だ。必要になったら、この節を辞書代わりに開いて使う、というので十分だろう。

目印記号の使用法

レポートやレジュメなどには、※★☆○◎●□■◇◆△▲▽▼＊§†などの記号が使われているのをよく見かける。↓↑→←もよく使われる。これはスポットライト効果を狙ったもので、使うことで見やすくなる。

こういったものについて、特に使い方に規定があるわけではない。それらの記号の呼び方は、編集者向けの『編集必携』の類には載っているが、普通の論文指導書には、これらの記号の使い方どころか、呼び方さえ載せられていない。

自由に使ってよいということなのだが、初心者にとっては、自由に使ってよいと言われると、かえって迷いのタネになる。そこで、使い方の目安を以下に記しておく。

Ⅳ－i　アステリスク（＊）

これはかなり見かける記号である。普通は、註や補足的説明を表記する場合に用いられ、縦書きでも横書きでも使用できる。註がたくさん必要な場合は使えないが、一つ二つの場合は（＊）（＊＊）というように使ってある例を見かけることも少なくない。アステリスクは使用法がほぼ決まっているので論文に使って支障はないが、多用しすぎないことと、用法を一定にして、ルーズな使い方にならないように注意したい。

Ⅳ－ii　米印（※）

これは、註を表記する場合や、但し書き、説明書きを記す際に用いる。事務連絡用の掲示ではときどき見かけるが、学問的な論文で見かけることは少ない。

例えば、重要な基本命題を①②③などとナンバリングして、提示する場合、特別に重要な命題には数字ではなく、※を付するなどという使い方もある。特別な印として若干使うのであれば、許容されると思われる。

Ⅳ－iii　**白スター**（☆）

「白星」とも言われる。論文で使われているのを見かけた記憶がない。ただし、表・グラフ・図のなかではよく使われているような気もする。

Ⅳ－iv　**黒スター**（★）

「黒星」とも言われる。これも、論文で使われているのを見かけた記憶がない。☆と同じように、表・グラフ・図のなかで使うのが普通だろう。

Ⅳ－v　**白丸**（○）

これは、案外使われる。用例として挙げた文が正しいことを示すときに使われているようだ。目印として使うのは少なくて、正誤や適不適などの評価を示す場合に用いられるということだ。

Ⅳ－vi　**黒丸**（●）

これは、相撲だと黒星になるためなのか、ほとんど見かけない。だが、草野心平の「冬眠」という前衛詩は、●一つだったように思う。

なお、最近調べた本に、箇条書きの各項に●を使ってある本があった。奇妙な感じがするとともに、どうもパンフレットかカタログのように見えるのである。やはり、論文には使いにくい。

Ⅳ－vii　二重丸（◎）

この記号は、「特によい」ことを示す場合に使われるのが普通だろう。参考文献表に、◎○●×といった評価をつけて、作成してみたいと思う人もいるかもしれないが、日本ではやめた方がよい。また、卒論の場合だと「二〇年早い」と言われる。私の場合、学生に配布する参考文献表には、よくこういった記号をつけるが、公に発表する論文や本では、そのような欲望を抑え込むことにしている。

Ⅳ－viii　四角（□■）

□は「白四角」、■は「黒四角」と言うらしい。これも見かけたことがない。だが、ワープロを使い始めて、楽しくて仕方がない学生の授業発表用のレジュメで見かけたことがある。様相論理学では、□は必然性を表すのだが、おそらく普通使われないから、様相論理学の記号になっているのだと思われる。使わないのが無難。

Ⅳ－ix　三角（△▽▲▼）

△は「白三角」、▲は「黒三角」と言われる。だが、△と▽、▲と▼の名前がどう違うのか、私は知らない。私も論文で使ってある例を見たことがない。なお、新潟大学では、シラバスで、前期開講が▲で、後期開講が▼だった。図・表・グラフに使用するのはありそうだが、文章中には使用しにくい。

Ⅳ－x **菱形**（◇◆）

◇は「菱形」、◆は「黒菱形」と言われる。◇は様相論理学では「可能性」を表す記号である。□■△▽▲▼と同じで、やはり使わない記号である。どうも「白黒」の区別のある記号は、論文には使いにくいようだ。

Ⅳ－xi **ダガー**（†）

「短剣符」とも言う。これは、欧文の論文で、註を表記する場合に使用する。註表記には＊の方が一般的だが、†も見かける。註をつけ終わった後、つけ忘れに気付いて、しかもナンバーの振り直しが面倒な場合、途中の註に†を使うことができる。最近のワープロソフトは、自動的に註のナンバーを振り直してくれるから、不要かもしれない。

Ⅳ－xii **セクション**（§）

「章標」とも言うらしい。これはよく用いられる。節を表示する場合に用いられる。この記号は、横書きの論文（欧文でも和文でもよい）で使用するものである。

私の場合、出典が欧文の文献である場合、お世話になることが多いが、全角の§を用いると、数字も全角では間延びがするし、数字が半角だとバランスが崩れて、いつもイライラする。私は知らなかったが、欧文フォント（Century や Times New Roman など）には半角（1バイト）のものがあるらしい。

ここでは、代表的なものを挙げたが、他にも、↓↑→←といった矢印がある。これらについては説明の必要もないだろう。また、ダブルダガー（‡）、パラグラフ（¶）ナンバー（#）などというのもある。かなり特殊な記号なので説明は省略したい。

心得　目印記号は控えめに用いよ。

省略記号の使用法

略号の種類はかなり多い。略号は多くの場合、英語で表記される。独仏はかなり特殊で、少なくとも日本語の論文に独仏の略号を使うことは（使いたいなら使ってもよいが）、独文関係者や仏文関係者でしか見られないことだ。ここでは英語の略号のうち、代表的なものを挙げておく。また、BC や AD などポピュラーなものは説明するまでもないので省略した。

なお、これから挙げる略号は、本文中に用いるのではなく、基本的に註のなかや文献表のなかで用いるものである。また、役には立たないと知りつつ、仏語、独語、ラテン語による略号も付しておく。

V-i ページ〔p. =仏p. 独S. 羅p.〕

pは小文字であり、必ず“.”（ピリオド）が必要である。ピリオドは省略したという記号なのである。いい加減な本だと、「p20」とか「P20」というような表記が見られるが、ダメである。絶対に、「p. 20」である。

「20P」というような表記をする学生がいるが、問題外である。しかし、こういうことは、大学や高校で習う機会がないから、仕方ないと言えば仕方ないけれど、こういうのを知らないで文章を書けるわけがない、とつい憤りたくなる。「P20」というような出典表記がしてあったら、私はその時点で読む気力がなくなってしまう。また、p. の複数形は pp. である。一般に略号の複数形は繰り返しになるのだ。複数ページにまたがる場合は、例えば「pp. 45–60」となる。なお、独語の場合、Sは大文字であり、複数のページにまたがっても、SS. にはしない。S. 45–50 となる。仏・羅は英語と同じ。なお、ラテン語でも p.（= pagina）となるが、十六世紀以前のラテン語文献では「ページ」は用いられない。裏表一枚で「一フォリオ・一帖」となり、f.（= folio）を使う。また、表をrまたはrecto、裏をvまたはversoと表す。したがって、f. 40rなどと表記する。

なお、念のために、ページの表記法の正誤を以下に記しておく。○は「よし」、×は「ダメ」、△は「仕方ない」の意味である。

○　p. 20
○　pp. 20–25
×　p20
×　P20
×　20P
×　20p
×　p. 20–25

また、縦書きの論文で、邦文文献を表記する場合は、「頁」を使うのが普通。当然その場合は漢数字を使うこと。カタカナで「ページ」と書くのもあるが、ちょっとダサイ。

○　二〇頁
△　二〇ページ
×　二〇P
×　P二〇

こんな風にしつこく注意しているにもかかわらず、世間的にはルールを守らない学生も教員も研究者も多い。守られていないことの方が多いような気がする。「p.」という省略表記はもはや規範性を持っていないのである。論文作法の倫理性はどこに行ったのだ、と嘆きたくなるような事態が進行中である。どうも世間には「いいじゃないの、幸せならば」という歌の文句のような雰囲気が漂っているようだ。しかし、私としては、「p」は小文字であり、「.」は省略記号を表すという、近世初頭の揺籃期印刷本（インキュナブラ）で確立した規則を守り続けたい気持ちなのですよ。「さはれさはれ去年《こぞ》の雪、いまは何処《いづこ》」（フランソワ・ヴィヨン）という雰囲気です。

教訓　**略号「p.」の使い方を間違えると、かなりバカにされるぞ。**

V-ii　行〔l. =仏 l.　独 Z.　羅 l.〕

行表示までするのは、重要な一次文献で、しかもかなり厳密に文献を読む必要がある場合で、特殊な事例である。普通の文献の場合、わざわざ表示したりしない。大学の授業で、「出典を明示せよ」と教え、この略号の使い方も教えると、その授業のレポートは、ほとんどこの行数表示までやってくれる。行数表示が必要な場合はそうしろ、ということであって、普通は行数表示は必要ない。ページ表示で十分である。なお、l. の複数形は ll. である。

ラテン語に関して述べると、ラテン語写本は版によって行構成が異なるので、普通用いられない。十六世紀の初期刊行本の行数指示の場合は、段落符号を挙げるのが普通。

下から何行目かを示す場合、line from the bottom だからその略号は lfb になる。しかしそんな用例はあまり見つけられない。そもそも使われているのか。行数を示すのは、翻訳をする場合に、どの行の訳文か確認するために必要なぐらいで、その他には必要ない。したがって、覚える必要はないし、使っても通じないおそれがある。

V－iii　**参照せよ、比較せよ**〔cf. ＝仏 cf.　独 vgl.　羅 vide〕

これは、ある著書の見解に準拠したことを示す場合に用いられる。また、本文で述べたことと対照的な、または対立する見解を示す場合にもよく用いられる。そのまま引用すると長くなるが、内容の出典でもあるので、それを該当箇所の近くで記しておくことは意味がある。たくさん引用していながら、出典を明記しないことはほとんど盗作だが、この『ぎりぎり合格』についても、第六章の「言い換え一覧」のところがいろいろなところで、パクられた。

V－iv　**同書**〔ibid. ＝仏 ibid.　独 a.a.O.　羅 ibid.〕

これは案外紛らわしい。この略語は本来ラテン語の ibidem（同じ場所）の略語である。もともとは「同じ本の同じページ」ということなのだが、「同じ本」の意味で用いる人もいる。日本語で言えば、「同上」というもので、直前のものと同じ、ということ。

アメリカの論文作成法では、使わないように求められる場合が多いようである。曖昧になりやすいからである。日本語の論文でも使わない方がよいかもしれない。

V－v　**同書**〔op. cit. ＝仏 op. cit.　独 a.a.o　羅 op. cit.〕

これは、ある著者の書物を、複数回引用する場合に用いる。ibid. の場合は直前のものだけを指示するが、op. cit. は離れていても使用することができる。ただし、その場合、著者名の後に、op. cit. と記す。なお、アメリカ式では、ibid. と同様に用いないことが勧められているし、廃れつつある略号である。使わない方がよいだろう。ditto や do. というのもあり、略号一覧に記載されているが、これはイタリア語であり、使って怒られることはないが、あまりさまざまな語を用いるのは感心しない。

Ⅴ－ⅵ　**以下のページ**〔f. ＝仏 f.　独 f.　羅 seq.〕
　複数形は ff. である。例えば、三四ページ以下、三五ページまでであれば p. 34f. となり、三四ページ以下、三六ページ以降にまでまたがる場合であれば p. 34ff. となる。p. 34 の使用法は分かるが、p. 34ff. の場合、pp. 34-6 と表記した方が明確であり、分かりやすい。したがって、ff. というのは使わない方がよいだろう。

Ⅴ－ⅶ　**例、例えば**〔e.g. ＝仏 e.g.　独 z.B.　羅 e.g.〕
　ラテン語の exempli gratia〔＝例えば〕の略語。使う機会は案外少ない。

Ⅴ－ⅷ　**換言すれば**〔i.e. ＝仏 i.e.　独 m.a.W.　羅 i.e.〕
　ラテン語の id est〔＝ that is〕は「つまり、換言すれば」の意味で、その略語。e.g. とは区別すること。

Ⅴ－ⅸ　**註**〔n. ＝仏 n.　独 Anm.　羅 n.〕
　複数形は nn. である。例えば、一四二ページの脚註の指示をする場合には、p. 142n. となる。脚註でなくても、章註や後註の場合でも同じように用いることができる。

Ⅴ－ⅹ　**巻**〔vol., vols. ＝仏 vol., vols.　独 Bd.　羅 vol.〕
　vol. については見たことがあるだろう。複数形は vols. となる。

Ⅴ－ⅺ　**至るところ**〔passim ＝仏 passim　独 passim　羅 passim〕

ラテン語で passim は「至るところ」の意味で、第六章の至るところであれば、ch. 6 passim と表記、一五二〜六ページと他のところにしばしば登場するのであれば、pp. 152–6 et passim というように用いる。

V – xii **約、ほぼ**〔c. または ca. ＝仏 ca.　独 ca.　羅 ca.〕

ラテン語で circa は「約、ほぼ」の意味で、その略語。主に、年号の記載に用いられる。例えば、約一三四〇年＝c. 1340。

V – xiii **編集**〔ed. ＝仏 ed.　独 hrsg.　羅 cura〕

編者（editor）、版（edition）、〜による編集（edited by）の意味を表す。複数形は eds.

V – xiv **等**〔etc. ＝仏 etc.　独 usf.　羅 etc.〕

これについては特に説明の必要はないかもしれないが、アメリカの論文マニュアルではできるだけ使用を避けなさいと書いているものもあった。私も、あまり使わない方がよいと思う。使うならば、以下の使用法は間違っているので避けること。

×　etc

×　&c

×　and etc.

略号には他にもいろいろあるが、これくらいあれば十分であろう。英語で論文を書く人の場合は他にも略語法を覚える必要があるが、日本語の論文の場合これで十分である。私もこの節で挙げたもの以外に略号なんて使わない。

テキスト・資料との接し方

テキストを開くと胸がときめくというのは、論文を書き進める上で大事なことだ。本に向かうと憂鬱になって、開く気力が湧かないというのはよく聞く話だが、それでは論文がなかなか仕上がらない。ちなみに、私はいまでも哲学の本を開くときは、胸がときめく。中年なので、不整脈のせいかもしれない。

もといい、楽しみながら書かないと、出来上がった論文は、読む方にとっても苦痛である。楽しみながら書けるだけの基礎能力、知識、好奇心を常に持っていなければダメだ。

例えば、子どもによる家庭内暴力のことを取り上げたければ、次のような基本文献を読んでいないと話にならない。なお、参考文献を記すときは、出版社、出版年も当然記すべきであるが、ここでは省略する。

横川和夫・保坂渉『かげろうの家』、横川和夫『仮面の家』、斎藤学『家族依存症』『生きるのが怖い少女たち』『アダルト・チルドレンと家族』、橘由子『アダルトチルドレン・マザー』、佐瀬稔『うちの子が、なぜ!』、バリー・サンダース『本が死ぬところ暴力が生まれる』（杉本卓訳）、門脇厚司『子どもの社会力』、尾木直樹『子どもの危機をどう見るか』、加藤尚武『子育ての倫理学』、信田さよ子『依存症』、団士郎『不登校の解法』、村山士郎『子どもの攻撃性にひそむメッセージ』、河合隼雄『子どもと悪』、それ以外に芹沢俊介、福島章の著作、まあきりがないのでこれぐらいにするが、こういったものは片っ端から読んでおくことが必要だ。一日に三冊ずつ読めば、三週間でかなり読める。こういった新書、文庫、一般書の類はいくら読んでも論文の本体の肉付けには役立たないが、一般常識として読んでおくべきだ。こういう本を参考文献に挙げてもよいが、実は参考文献以前の常識である。常識のない人間が書いた論文というのは、底が浅いし、薄っぺらになる。本は乱読すべし。

なお、論文を査読する場合、参考文献表から読む場合も多い。どの程度勉強しているか、また、新しい見解をどの程度フォローしているのか、英独仏露伊西蘭羅希中朝亜波伯梵蔵などの諸外国語のうち、どの言語の文献、どの時期までの文献を押さえているのか、まず最初にチェックする人は多いのである。もちろん、文献が多くて、新しければよいというのではない。

(a) テキストへの接し方

テキストにどう向き合えばよいのか。これは、研究・分析の主たる対象となる一次文献と、参考書、参考文献、参考論文などの二次文献では、方針が異なる。論文を書いてくる学生には、一次文献と二次文献の区別がついていない者がかなりいる。どうも論文を書くことが何であるのか、誤解しているからであろう。なお、実験・調査・フィールドワークの場合であれば、自分で調査・実験して得られた一次データ、文献から得られた二次データ、参考文献というように分かれるだろうが、一次データは直接資料であり、二次データと参考文献は間接資料であり、ほぼ同じことが言えると思われる。ここでは、文献に話を限っておく。繰り返しになるが、ここで、一次文献と二次文献の区別をもう一度記しておく。この辺りは、頭に叩き込んでおいてほしいからだ。論文が主たる分析の対象とするのは、一次文献である。二次文献とは、一次文献を解読するための道具でしかない。

書物を分析するだけでは現実社会の問題の解決に寄与できないという声もよく聞かれるし、学生のなかにも、「本を読むのではなく、現実の問題を扱いたい。この学部の先生は本ばかり読んで、現実に向かい合っていない」と抗議してくる学生もいる。

しかし、現実を扱う基本的知識もなしに現実の問題が扱えるのであれば、人生苦労はない。もちろん、本ばかり読んでいても仕方ないような部門もあるが、多くの現実問題は、本を読んだだけで解決はしないとしても、本ぐらい読んでいなければ解決もほど遠いものがほとんどである。本も読まないで、現実問題に対処できると考えるのは、一〇年、いや二〇年早い。「不登校問題」「いじめの問題」「家庭内暴力」「摂食障害」「老人介護」「少年犯罪」「引きこもり」「性同一性障害」という身近な問題を扱いたがる学生は毎年多い。そういう問題が、本も読んでいない、そして世間も経験していない学生に解決できるはずはない。そういう問題にこだわる学生は、幼児期の「全能感」から卒業できていないのだろう。こういう学生がいること自体が、論文の対象になる事柄だ。

たしかに、カントの『純粋理性批判』を解読して、遺伝子解析における人間の認識能力の限界が分かるわけではない。プラトンの対話篇を読んで、現代の教育問題が解決できるわけではない。しかしながら、そういう古典的文献を読んでいないと、現代におけるさまざまな議論が理解できないこともあるし、現代の問題をていねいに分析する能力も養われない。文献学も、解読・分析を究極目的とするのでなく、適用(application)を目指している以上、過去に生きるのではなく、現実において生きている。現実社会で検討されているさまざまな問題は、多くの専門家が頭を絞っても、なかなか解決のつかない問題である。だから、社会問題となるのだ。新聞やテレビぐらいしか見ないで表面的な知識しかないと、問題が単純に見えて、自分が少し解決に寄与できると妄想してしまうのだろう。ほとんどの学生の場合、勉強不足で、問題そのものがどうなっているのか認識不足である。

心得

一次文献――論文執筆エネルギーのほとんどが振り向けられるべき中心である。神聖、不可侵のものとして、一字一句まで細心の注意をもって扱う必要がある。二次文献に比べて、一次文献の方が圧倒的に重要である。二次文献と同じように扱ったら、一次文献が怒る。「テキスト」とか「本文」と言おうと同じことである。自分の手足で、自分の力で、歩むべきなのが、一次文献である。

二次文献――一次文献が本物の道路であるとすると、二次文献は地図にすぎない。二次文献は、あくまで一次文献を分析するための道具、材料、道しるべである。地図の上で旅行も山登りもできるはずはない。地図を見ることに疲れて、山登りができなくなれば、バカである。「参考書」「参考文献」「研究書」はすべて二次文献・サブテキストであり、「おまけ」である。エネルギーの半分以上を二次文献に向けてはならない。

(b) 誤訳の責任

引用した翻訳に誤訳があった場合、だれが責任をとるのか。引用している翻訳に誤訳がある場合、それを指摘すると、「私が悪いんじゃない、私の責任ではない」という態度をとる学生がいる。そこで、論文を書くとはいかなることか、引用するとはどういうことかがまったく分かっていないことが露呈する。

翻訳書を引用するのは、基本的にはよいことではない。本来、原典を自分で読んで、自分で翻訳すべきなのである。これは最基本事項である。しかし、分析の対象となるテキストは、特に宗教関係だと、ヘブライ語、ギリシア語、ラテン語、アラビア語、ペルシア語、チベット語、サンスクリット語、パーリ語、漢文などであり、専門家になろうとするのでなければ、わざわざ習熟するのもためらわれるし、これらの外国語を複数習得しようとすると、それだけで数年かかってしまう。論文に行き着くのに、何十年かかるか分からない。しかも、研究書、参考文献も、英独仏は言うまでもなく、イタリア語、スペイン語、ロシア語など、いくつもの言語にまたがることが多い。語学の天才でなければ、テキストを読みこなし、参考文献を読みこなす能力を身につけるのに、一生を費やす必要が出てくる。論文を書き始める前に人生が終わってしまう。墓に入ってから論文を書くのが許されればいいのだが、墓のなかで論文を仕上げた人がいるとは聞いたことがない。

そういえば、専門家を目指して、奇特にも外国語をマスターしよう、特にラテン語やギリシア語といった古典語をマスターした人にとってお勧めなのは、シャワーのように外国語を学ぶということだ。朝起きたらまずはラテン語、汗をかいたらラテン語、食事をしたら息抜きにラテン語というように、一日一〇時間ラテン語を浴び続けていると、山伏修行の滝行と同じで、体のなかにラテン語が染み込んでくる。ラテン語を忘れようと思っても忘れられない体になってしまうのである。ラテン語は読むなかれ、ラテン語はシャワーのように浴びよ！　これが秘訣である。

まあそういう修行系の人は別にして、初心者の場合、原語を読む十分な力は備わっていないのが普通であるし、備わっていても、誤読は多いし、時間がかかりすぎて、肝心の研究対象のテキストを読む時間がなくなることになりかねない。そこで、翻訳のない場合はなんとか語学力を身につけて読むしかないが、翻訳がある場合には、翻訳を使うのが当然の便法になる。

さらに、研究対象となるテキストを翻訳で読むことも徐々に認められつつある。アメリカでは、原典を原語で読むのではなく、英語への翻訳書を読んでまとめても、博士論文として認められるようになっているようだ。

私の勤めている大学（慶應義塾大学）でも、アメリカを真似たわけではないが、テキストについてもある程度翻訳書で作業することを許容している。これまでは、論文の指導法として、原典主義が貫かれてきた。明治以来の欧化政策のもとでは当然であるし、その伝統が生きている以上、今後も続くことは予想される。また、研究者を養成する訓練としては、原典に基づく演習や、その演習形態を踏まえた論文執筆は重要な作業である。つまり、大学教育の主たる任務が、研究者養成であれば、原典主義が基本に置かれるべきである。

しかしながら、大学教育の大衆化に伴って、原典を精読していなければ論文として認めないなどとは言っていられなくなった。四年生は就職活動もしないといけない。原典を原語で読む能力が、三年間で身につくことは稀である。そこで、もちろん、引用箇所は原典と翻訳を照らし合わせられる能力が前提とされるが、翻訳を使って論文を書くことも認めるしかない。

だが、ここで問題がある。翻訳を使うのは、本当は自分で読まないといけないのを、他の人にやってもらうということである。ということは、引用した翻訳文の責任は、引用者が背負うのである。したがって、引用した翻訳がバカな誤訳をしている場合、責任は全面的に引用者に帰せられる。誤訳をそのまま引用したとすれば、引用者が、その引用文を正しいものと考えて、引用したと見なされるのである。

繰り返すが、間違った翻訳を引用した場合は、引用者が一〇〇%悪いのである。翻訳の正しさ（翻訳が正しいか間違っているかの判断は、引用者の語学力が、翻訳者の三分の一しかなくても可能だ）を吟味しないで、使うのは無責任である。「翻訳者が悪いんです」と言うのは、責任逃れもはなはだしい。万引きをして「悪いのは僕じゃありません、手が悪いんです」と言うのと同じである。

参考文献の選び方にも同じことが言える。レベルの低い参考文献を使って間違った見解を並べるとすれば、それは引用者の見識が低いということである。一生懸命マジメに調べても、レベルの低い論文や書籍を使うのであれば、見識不足なのである。人間を見抜くのと同じで、論文の最初の数ページを読んで、どの程度のものか見極められる能力が求められるのである。もちろん、これは乱読、精読を重ねた結果身につくもので、最初から期待することはできないが。

引用した文章を、自分の地の文に紛れ込ませるのは、立派なドロボウである。しかし、論文を読んでいる人が当然知っていることで、論文の主題とあまり関わりない事柄であれば、わざわざ明示する必要のない場合もある。哲学の論文に、『源氏物語』を踏まえた事例や語句を使う場合、いちいち『源氏物語』の刊本の種類、巻数、ページまで記すのはウルサイ。

引用文の出典をどう表記するかについては、次章に記すが、とにかく引用文は、引用文として明確に、地の文と区別して表記すべきなのである。

このように、翻訳や参考文献をどう処理し、どう向き合っているかによって、論文執筆者が論文に対してどのような姿勢を持っているかが察せられるのである。

心得
翻訳や参考文献が誤っていて、それを引用した場合、すべての責任は引用者にある。

論文の書き出し

論文というのは、最初の五行を読むと、ほぼその善し悪しは分かる。実際には、論文の最初は、最後に書くところだ。最後を見極めないと、最初のところは書けるはずもない。初心者は最初から順番に書いていくようだが、仕上げるときに十分に見直す必要がある。最後に書かれるのが論文の最初のところだとすると、論文の最初を読めば、論文全体もある程度見当がつく。最後の仕上げのない「書き出し」というのもあるが、そういうのはすぐ分かるし、完成度も見当がつくのだ。

人間の出会いでも同じことだ。ファースト・インプレッションが大事なのだ。

【例一】

西暦二〇〇〇年を迎え、暦の上では九〇年代は終わってしまった。だからこそ、ようやく「九〇年代」を語ることができるようになったと言うべきなのだろうか。

ベンヤミンと「メディア論」、この二つはどちらも（日本国内・国外共に）九〇年代における学問・思想のある種の流行、モードであると言える。特に日本国内のベンヤミン受容に関しては、一九九三年に岩波書店から『パサージュ論』の翻訳が刊行されたほか、九五〜九七年にかけてはベンヤミンの主要な著作を新たに翻訳し編集した『ベンヤミン・コレクション』一〜三がちくま学芸文庫より出版されている。

《コメント》

まあ、安心できる書き出しである。「日本国内・国外共に」と書いてあるところは、それなりにいろいろ調べていないと書けないところであり、勉強している形跡がうかがえる。もちろん、ときどきどこかの本を書き写して、読んでもいないのに読んだかのように書いていると、馬脚は数ページで露見する。「これだけ読んでいるはずなのに、何でこんなバカなこと書いているんだろう」ということで、疑いの眼差しで読むようになり、ボロが出てくることになる。で、【例一】の論文は、執筆の時間配分さえ間違えなければ、ＯＫ論文になりそうだ。

【例二】

「教師になる」、これが私のすべてであると言える言葉の一つであり、俗に言われる「アイデンティティ」と言えるものである。それは憧れの恩師を目指し、大学で人間について学び、音楽をし、多くの経験を積み、成長し続けながら目標に向かって進む私の姿の表現とも言えよう。

《コメント》

日本語がおかしいし、自己陶酔的で、論文について根本的に勘違いをしているようだ。論文としては、まずダメである。締め切りまで余裕があれば、突き返して、もう一度書き直しというところである。

【例三】

源信（九四二〜一〇一七）は、永観二年（九八四年）冬十一月に『往生要集』の執筆を開始し、翌年寛和元年四月に完成させた。この書は一般に、日本で最初の浄土教の指南書として知られている。内容はその表題の示すとおり、浄土に往生するための教えの要を集めたもので、全体の三分の二は経・論などからの引用で占められている。したがって、そこに出てくる表現の多くは源信自身の言葉ではない。しかし、数多くある経論の中からそれを編纂したのは、他ならぬ源信自身であり、そこに源信自身の価値観が見られる。

《コメント》

前半部分、事実を書き並べると論文らしくなると誤解している向きがある。テレビのドキュメンタリーを念頭に置いているのだろうか。後半は当たり前のことで、わざわざ論文の冒頭に持ってくるほどのことではない。

論文として練る段階まで行っていないことが予想される。事実を調べてあっぷあっぷしている姿が思い浮かぶ。

【例四】

私がこの研究を行っていく中で明らかにしていきたいのは、ブルデューのハビトゥス概念である。私はこの概念を学問に対する認識論的批判という観点から研究し、ハビトゥスがいかなるものであるかを明らかにしていくことになる。ブルデューの研究とその理論は多岐にわたっており、そうした彼の理論は難解で複雑なものである。しかしそうした彼のさまざまな研究には一貫した問題意識がある。彼の批判は〝自己と社会〟といった近代的認識の乗り越えでもあるために彼の理論を理解するのは苦痛がともなうのだとおもわれる。しかし彼の提起する〝近代的学問に対する認識論的批判〟そして〝近代社会にたいする批判〟これらともども彼一人の問題として排除してしまってよいものではない。

《コメント》

冗長な書き出しで、「批判」「近代」「認識論的」といった概念の使い方が危うい。問題意識ははっきりしているようであるが、日本語表現の危うさと相まって、読むのがかなりつらい、まとまらない論文になることが予想される。

【例五】

科学の進歩がめざましく進む中で、現在、今まで哲学者の領域であった人間の心の問題について、科学者が積極的に取り組む傾向が出てきた。これは、人間の体の中で、最も難解とされ、解明ができないとされてきた脳が、科学の進歩により、徐々にではあるが解明されてきたことが考えられる主要な理由であろう。脳研究は、古来より心の働きとして考えられてきた一部のこと（たとえば、視覚や触覚、聴覚といった分野）を、説明するものとして役立つ。それらは、脳内の物質の働きによりほぼ説明可能なことと考えられている。

《コメント》

勉強不足が見える。こんな荒っぽく、しかも歴史的事実に即応しないことを平気で論文の最初に書くのは、きっと本を一冊程度読んでまとめるつもりだからだろう、とすぐ予想がついてしまう。世間に流布する出版物にはこの程度のものが多いから、人間は基本的にバカだ、という信念でもあるのだろうか。「科学者」とは何なのか、心理学はどこに行ったのか、などなどあまり概念や問題の所在を理解しないで書いている気配が見られる。日本語も変で、推敲不足である。ちょっとものを考えた人ならば、哲学と科学の対立みたいな枠組みで話を始めるわけはない。

【例六】

宗教改革の情熱は、キリスト教の正統的論理《ママ》を民衆の底辺まで徹底させた。宗教改革時代の人間にとって、来世における魂の救いが最も重要な関心事であり、儀礼に代わって神の選びについての不安を和らげるための技術的手段として、プロテスタンティズムにおける日常倫理が彼らによって実践された。その結果、プロテスタンティズムの倫理が、近代法、近代科学、資本主義などの普遍的意義と妥当性をもつ文化現象を生む原動力となった。しかし、このことは皮肉にも、ヨーロッパ的人間の魂を世俗化し、キリスト教精神の衰弱と枯渇を引き起こすこととなった。

《コメント》

よく勉強して書いていることがうかがえる。ずいぶん大上段から始めたな、という感じがするし、こりゃ、長くなるぞというのがすぐに分かる論文である。日本語が一部こなれていないが、内容を理解して書いてあることがすぐに分かる論文である。いわゆる力作になるのが分かる論文である。

おまけ　困ったときのことわざ

論文を書いていると、論文なんか書きたくない、逃げ出したいという気持ちにしばしばなる。さらに書き上げたところで、学会での発表が待ち受けているとなると、頭のなかが真っ白になって、考えが全然まとまらないことがある。同じところをグルグルと回ってしまうのである。しかも、文章が浮かんでこなくて、書いている文章がブチギレの論理めちゃくちゃのものになったりする。論文の姿が全然決まらず、いろんなイメージが衝突して、どうしたらよいか分からなくなったりするのだ。

困ったときには、藁をもつかみたい気持ちになるのだ。そこで、ここではいろんなことわざを紹介して、気分転換をしてもらおうと思う。

・「**馬の耳に念仏**」

先生から変なアドバイスを聞かされても無視する場合のことわざだ。だいたいのところ、大学の先生の先生のアドバイスというものは、役に立たないものも多い。「私の耳は馬の耳、何か言われても、私にはワカリマセーン」という心構えを指したものだ。しかし、先生に面と向かってこのセリフを言うと、破門される可能性がありますので、使用には注意が必要です。

調子がいいときに落とし穴にはまらないためのことわざベスト3

1「雨垂れ石を穿《うが》つ」

雨垂れはいいなあ、ポツンポツンと落ちていれば石に穴があくという。コツコツ根気よく仕事を続ければ大きな成功につながるというのだが、原稿のマス目は埋まらない。ああ、雨垂れがうらやましい、と言ってはいられない。雨垂れのように少しずつ書いていこうと思うのが大事だ。

2「石橋を叩いて渡る」

あまりに慎重に叩きすぎていると、経年劣化を起こしその結果「石橋を叩きすぎて壊す」ということが起きたりする。慎重すぎると、かえってダメになったりすることもある。論文でも十分な根拠や論拠を探していると、先に進めないこともよく起こる。エイヤッ！と危ない橋を渡って先に進むのも一策だ。

3「始めは全体の半分」（『ギリシア・ローマ名言集』）

これは正しいと思う。論文でも本でも最初の一文が決まるとかなり見通しがよい。いや、全体の見通しがつかなければ、最初の一文は書けないし、書くべきではない。だからこそ、最初の文章が書けたら、峠も越えたのだ（と思いたい、結局何度も書き直す）。

行き詰まっているときに唱えると効果があることわざベスト3

1「果報は寝て待て」

「待てば海路の日和あり」というのでもよい。いやなんとも、書けないときは本当に書けないものだ。後で思い返すと、なんであんなにあのときの私は書けなかったのだろうと不思議に思うほど書けなかったこともある。どうしようもないときは寝ましょう。寝るのが一番。

寝ると、睡眠中に記憶する必要のない情報と記憶しておいた方がよい情報が選別されて、記憶用の棚に収められていく。ところが、寝ないでいると、頭のなかがごみ屋敷状態になって、機能しなくなってしまう。徹夜で勉強するという勉強法があるが、徹夜で丸暗記というのは、勉強法として最悪のものだ。記憶は一定の時間をかけて反復して、身体と五感をできるだけ活用して記憶してこそ、有効な記憶となる。徹夜の記憶と試験直前の丸暗記は、整理された記憶を混乱させるだけだ。試験の直前は、ゆとりをもってあたりを見回し、直前の暗記で夢中になっている人々を眺めながら「記憶が混乱するだけだから無駄だよ」とほくそ笑むのが一番なのだ。

締め切りが近づいて、参考文献と論文を読みながら、寝ないで論文執筆をしていると、立派な脳内ごみ屋敷が出来上がってしまう。

2「急がば回れ」

これも大事なことわざだ。ラテン語ではフェスティナ・レンテ（festina lente）だ。「ゆっくり急げ」という意味だ。論文執筆で難渋した場合には、ラジオ体操をやって、体をほぐしましょう。焦るとダメなのだ。本人は急いでやっているつもりでも、ミスが多く出たり、必要な手順を飛ばしたり、転んだりけがをしたりと失敗も増える。心は焦っているのに、仕事はスピードアップになっていないということがとてもよく起きる。だから、ゆっくり慎重に進めるのが一番早いと思って、慎重に無理をしないで進めることが大事だ。焦ると、心がつんのめって転びやすくなる。

3「困ったときの神頼み」

神様に願をかけると神様が手助けして、よいアイデアを与えてくれるということはない。神様は普遍性としての人間に恩寵を及ぼすので、個々人の願望を実現するというように働くことは絶対にない。しかし、神に願をかけて精神を集中すると、天は自ら助くる者を助く、ということは実際にはよく起こる。したがって、神様に丸投げしないという自覚は必要だが、神に頼むと、実効性のある行動になる。

番外編

論文の最終補完計画として、覚えておくとよいのが、次のことわざである。

1「あとは野となれ山となれ」

どうしようもなくなったら、これを口に出して三回唱えよう。心と体の無駄な緊張が取れます。最後はこれに限る。最終補完計画だ。開き直って、絶望するのではなく、ひたすら全力を尽くすということだ。不安や心配や悩みや後悔は有害無益で、結果をダメにするものだから、やめよう。

2 中世哲学で論文を書いていて、困ったとき

「秋ナスは嫁に食わすな」

アキナスといえば、トマス・アクィナス（一二二五頃〜一二七四）だ。嫁さんにトマス・アクィナスほど面白いテキストを読ませてなるものか！　ということだろうか。嫁さんに、アクィナスを読ませてみたいな、秋の暮れ、ということだろうか。

3 哲学の論文を書いていて困っとき

「犬が西向きゃ尾は東」

本当にそうなのか。私は昔から、「犬が西向きゃ尾は東」という言葉が嫌いだった。「曲り犬」がこの世にいれば「犬が西向きゃ尾は南」となるような気がする。そういうこと言うから哲学者は嫌われるのだ、と家族から言われたりするのだが。ハハ、哲学者はつらいよ！

第五章　論文の仕上げ

論文の基本体裁

論文の構成については、第三章で述べておいたが、体裁というか、表紙、紙、印字、余白、ポイント（字の大きさ）などの物質的条件についても述べておく。

またまた、箇条書きだが、基本的なところは、以下の通り。

・章構成、節構成をつけろ。
・表紙に基本事項を記載せよ。
・裏表紙をつけろ。
・目次をしっかりつけろ。
・註、参考文献表をつけろ。
・凡例をつけろ（凡例とは、書物や論文の初めに掲げる、その論文の編集方針や利用の仕方に関する箇条書きのことだ。略号の形式や略号表の場所、用いた資料・データの出典、図版を使用する場合は、著作権の処理など、論文の書式に関することを列記しておく。シンプルな論文の場合、内容が少なくなり、特記すべきことがない場合は使われない場合も多い。しかし、卒業論文や修士論文でも凡例はあった方がよいし、博士論文だったら絶対に必要である」。

なお、場合によっては、製本していないと受け付けないこともあるし、指定の表紙をつけないといけないこともある。一行の字数や、一ページの行数などなどを指定していることもあるだろう。

紙に印刷して論文提出ではなくて、ネット上でデータの形で提出するというのも進みつつある。ペーパーレスの時代だから、この傾向は進むだろう。その場合も、ＰＤＦファイルでの提出が求められたりするから、印刷した場合と同じ形で提出することになる。そうなると、印刷・製本と提出の手間は省けるが、論文としての仕上げには手が抜けるわけではない。

論文として必要な形式はぜひ手抜かりなく準備しよう。だいたい、世に出る単行本だっていろいろなことが起きる。研究会の仲間と論文集を刊行した。製本して出来上がった本を手に取ると執筆者一覧がない。奥付がなかったら困るけれど、執筆者一覧ぐらいどうということはない。昔コント55号のコントで「飛びます、飛びます」というのがあった。執筆者一覧ぐらい飛んでもどうということはない。

しかし飛んでよいのは執筆者一覧ぐらいで、表表紙、中表紙、目次、凡例がないとちょっと困る。現象学の本質直観の方法のなかに自由変更というのがある。想像力で事物に変更を加えていって、これが抜けるとその事物とは呼べないぎりぎりのところを探って、本質を取り出す方法である。例えば、アイスクリームは、溶けて液体になっても冷たければアイスクリームと言えそうだが、霧状になって凍って外に積もってしまえばアイスクリームとは言えない。本も、執筆者一覧がなくても立派に本だが、表紙も目次も奥付もないと紙束ということになりそうだ。いざとなったら、大目に見てもらえるよう祈るしかない。祈ることは最終手段にすることにして、ここでは一般的な注意事項について述べておこう。

(1) 一ページの字数

パソコンで論文を書く場合、標準的にはA4縦に横書きで書くのがよい。パソコンならば、縦書き横書きは自由に変更できるから、標準に従うのが無難である。A4縦に、縦書きで書くのは二段組みにすれば可能だが、まあ物好きである。横書きならば左綴じだし、縦書きならば右綴じである。言うまでもなさそうなことだが、ときどきルールを無視する強者がいるので、念のため。

A4横で提出する人間も少し見たことがある。A4を使って、縦書きにしたいのであれば、こうするのがよいだろう。綴じ方は右綴じ。綴じ方まで指定する必要はなさそうだが、縦書きなのに左綴じや上綴じする非常識なヤツがいるから念のため。

Ａ４の標準字数は、一四〇〇字（原稿用紙換算三・五枚）から一六〇〇字（同四枚）辺りだろう。一四〇〇字の場合であれば、一行三五字の一ページ四〇行で、余白を多めに取るのを好む人もいる。私自身としては、四〇字四〇行ぐらいが好みである。二〇〇〇字（四〇字五〇行）で出してくる学生もいるが詰まりすぎていて読みにくい。

Ｂ５は日本でしか使わない用紙サイズで、日本大好き人間には向くが、標準サイズではない。Ｂ５縦に縦書きは字数・行数の設定がなかなか難しいので、Ｂ５縦に横書き、字数は一〇〇〇〜一一〇〇字ぐらいが無難。Ｂ５横は普通使わない。

なお、イスラーム哲学の本では、ページの余白に渦巻き状に書いてある註釈書もあるぐらいだから、私は、レポートの書式は、パソコンであれば、用紙の大きさ、行数は自由、縦書き、横書きでもよいと指示している。

(2) 余白

余白は十分に取ること。原稿用紙だと行間に隙間があって、審査者がコメントを書き込めるが、プリンターの印字だと、余白にしか書き込めないので、余白は十分に取ること。

ときおり、余白を少なくして、一ページ当たりに詰め込める字数を稼ごうとするヤッがいるが、これは読みにくい。また、上下の余白が少なく、しかも一行当たりの字数が少ないと間延びして、論文そのものも間延びした感じがする。字間も大事であり、内容に即応した字間を選択してほしい。

それから、初心者は何でもかんでも漢字で表そうとして、原稿が「黒く」なりがちである。「黒い」原稿は避けた方がよい。漢字が多くなりそうだったら、一ページに字数を詰め込まず、余白を十分に取ること。

とにかく、余白の取り方で、論文への美意識が問われることになる。私の場合、字数と行数、用紙の大きさ、漢字の量、活字の種類によって、余白の量を加減している。そのために、何度も何度も紙に印刷して、バランスを計っている。案外余白も大事と思われる。

(3) 文字の大きさ

印字のポイント(Pt. 字の大きさ)は、案外重要なことだ。大学の先生には、年輩の人が多いので、最低でも一〇・五Ptは確保したい。老眼の人のためには一二Ptが望ましい。註もせいぜい九Ptである。八Ptなんて、読めない。文字の大きさへの気配りは、論文を書く場合に重要である。学生が提出してくるレジュメとかは、コピー代を抑えるためなのか、縮小印刷で仕上げてくるので、読めないことも多い。

なお、章や節のタイトルに大きなポイントを使うのはよいが、横倍角、縦倍角、四倍角はみっともないし、芸がない。本文が一〇・五Ptなら、一四Ptとか、微妙に調整して設定する必要がある。また、章・節のタイトルは、一四Pt、本文は一〇・五Pt、註や引用は九Ptぐらいの種類分けはよいが、付論の部分は、ちょっと「落として」九・五Ptとかいうように分けると、少しうっとうしい。個人的には、そのマニアック加減を歓迎したいが、一般受けはしないようだ。

(4) 書体と字体

書体・フォントは明朝体に限る。ときどきゴシック体でプリントアウトしてくるのがいるが、問題外。すぐにゴミ箱に捨てたくなる。ゴシック体はポスターなどに使用することが多い書体だ。論文とポスターは同じものではない〔根拠を聞かれると困るが〕。**なお、ゴシックとはこの文の書体である。**ほかのところの本文は、明朝体である。年賀状の宛先に使われる行書体や草書体を使うのは好ましいやり方ではない。やめましょう！

明朝体にもいろいろあるが、ワープロソフトの標準指定の明朝体が一番である。ワープロソフトの種類によっても、プリンターの種類によっても、印刷の具合が異なる。美しい明朝体だとそれだけで気分がよくなる。だいたい、「偏執者」は、ハードコピーの原稿を見ると、まず、ワープロソフトが何か、プリンターは何かということを気にする。原稿がきれいかどうか、まずチェックするのである。

字体というと、新字体と旧字体、俗字と正字などという区別がある。この四つの違いがちゃんと言える人は、学生のみならず、普通の人でもあまりいないと思う。私もこれを書いている間に覚えたのである。バカ丸出しである。

最近のパソコンの字体は基本的に新字体である。「為」や「参」が新字体で、「爲」や「參」が旧字体である。新字体というのは元の漢字の形をなぜだか分からないが多少改めたものである。旧字体の文字は、使いそうなのはJIS規格に入っている。探すのが面倒だが、なんとかなる。

許せないのが「瀆」の字である。最近では入力可能になってきているが、これは「涜」としか印字できないことも多い。「神への冒涜」なんて書いたら、これこそ神への冒瀆に他ならない。これはいつも腹の立つことである。日本の古い文書でも、仏典でも、中国語や漢文でもいいのだが、こういうのは特殊なソフトを使うしかない。

論文の初心者はどうすればよいのか。読みを入れて、変換キーを押して、出てこなかったら「パソコンで出ませんでした」と機械のせいにするか、最新OSのマニュアルを読み耽って、限界まで挑戦するかしかない。最後は、青春のエネルギーですな〔老人パワーでも可〕。

(5) プリンター

昔は、インクリボン式プリンター、とか感熱式のプリンターというものがあった。いまでは、インクジェット式プリンター、レーザープリンター(ページプリンター)がほとんどだから、プリントアウトして、必要部数をコピーするというのでよくなった。最近のレーザープリンターは安くなっているし、何といっても印刷が速い。インクジェットのカラープリンターを使う学生も多いが、カラーで印字するなんて、最後の最後に仕上げ段階で使うだけだし、普通は使わないはずだ。ムダだと思う。それに、学者〈特に文系の学者〉は紙に活字という白黒の世界に生きている。カラーで印刷されたときには、総天然色の映画を初めて見た人のように驚いたが、いまでは簡単にカラープリンターが使える環境になった。

昔は、原稿用紙に汚い字で書いて、清書係をお願いして、締め切りに間に合わせるというようなことがあった。読みにくい字を一生懸命読んで、自分の字なのに自分で読めないぞ、と喚きながら書いていた。パソコンのおかげでいまでは、なんて読みやすいんだ、なんか文章がうまくなったような気がすると自己陶酔が起きやすくなった。本の執筆でもゲラ（校正刷り）にならないときれいな字にならなかった原稿が、自宅のプリンターで簡単に活字風に印刷されるので、プリンターは簡易自惚れ屋製造機だな、と思う。たしかに文章は軽くなったと感じる。自分で自分の文章のことを言っているのかだって？　すいません、そうです。

(6) 用紙

加工されていない白い紙がよい。ツルツルの上質紙や手漉きの和紙・奉書紙を使う必要はない。また、原稿用紙に印刷するのは、まったく意味がない。原稿用紙はあくまで手書きのためにあるものだ。指導教官が偏屈で原稿用紙による提出しか認めないのであれば別だが、原稿用紙に印刷してあっても、読みにくいだけである。少しもありがたくない。昔はワープロソフトに原稿用紙印刷という設定があった。いまでもあることはあるようだが、字がずれやすく印刷の設定も面倒だ。

それから、節約家の人は、下書きとしてプリントアウトした用紙の裏側に印刷することが多いが、そういうプリントアウトが、紙がなくなったためか、正式の原稿として提出されてくることがある。暇なときは表と裏を読み比べて、「書き直さない方がよかったのかなあ」と後悔に耽ることもできる。

(7) 欧文の処理

私の使っているワープロソフトだとドイツ語のウムラウトやフランス語のアクサンがきわめて打ちにくい。検索もできないし、その打ち方をすぐ忘れる。締め切りの前日に、マニュアルを開いて、そういう記号の打ち方を調べるのは、ディスプレーに頭突きをしたくなる面倒な作業だ。気分が穏やかだと、ディスプレーにサインペンで印をつけてごまかしたくなる〔ディスプレーが黒くなるのでやめよう〕。面倒臭いときは、プリントアウトしてから、手書きで書き加えるのがよい。こちらの方が時間はかからない。

いまではギリシア語でもアラビア語でも入力するのが簡単になった。原版『ぎりぎり合格』のときには本当に苦労した。私自身はいまでも苦労しているのだが、若者たちが、ギリシア語ヘブライ語アラビア語などが自由自在に使われている原稿を提出するのを見て、もう年寄りは引退しないと、と思うこの頃なのである。

論文の文体

論文になじまない文体で書く学生が多い。論文と、作文・感想文は明確に異なる。論文とは客観的な記述になっていないといけないので、「私は……と思う」というような主観的な記述は行ってはならない。以下例を挙げる。《　》はコメントである。

【例一】

この論文を書くことで、自分自身、現代社会でのよりよい生き方を発見できればと思っている。《立派な心がけだが、論文に書くことではない》

【例二】

「摂食障害」ということばを耳にしたことがあるだろうか。《大学の先生ならば普通知っているから、こういう書き方はしない。どうも「青年の主張」とごっちゃになっている》

要するに、「私は……したい」とか「私は……と思った」というような主観的記述は避けなければならない。例えば、すべての文章に「……と思った」と書かれると、吟味や追試のしようがない。「それは立派なことだ」とは思うが、評価できないのだ。評価できるのは、客観的な記述に関してである。したがって、「私は……したい」とか「私は……と思った」という気持ちを表現したければ、「……と望む人は少なくないだろう」とか「……と思われる」と書き直した方がよい。

論文に使わない表現としては、

・論者の感情を表現する用語（「悲しい」「嬉しい」「楽しい」「感動した」等々）
・口語的表現（「カッコいい」「すごい」「僕は」「あたしは」）

などがある。

主観的記述をどう置き換えればよいか、少し例を挙げておく。

「私は絶対正しいと信じる」
↓「……ということは確実と思われる」
「私には自信がありませんが」
↓「……と述べることは確実とは言えないが、蓋然性は認められるであろう」
「……という考えは絶対間違っていると思う」
↓「……という指摘に対しては多くの論者が疑義を呈している」
「……という箇所にはとても感動した」
↓「……という箇所には深い共感が多く寄せられていると言われている」

なお、残りについては、第六章二節の「すぐに使えるフレーズ集」のところで、一部を記しておく。

出典の明示の重要性

出典の明示というのは、論文執筆において、きわめて重要なことだ。出典の明示の仕方のみならず、その背景について述べておく。

ここまでのところで、論文とは、客観的に評価できる形式で書かれた文章であることを見てきた。客観性とは何か、となるとまた大きな問題になるが、とにかくも、論文の妥当性を検証したり、追試できることがそこには含まれる。

例えば、世界で初めて実験成果として、常温超伝導についての実験結果を論文として発表しても、他の人が、そこに記された実験方法の結果を再確認できなければ、論文としての価値はゼロである。

また、「ツチノコ」や「ネッシー」のような新種の動物を発見しても、他の人が再び観察できなければ、論文に発表しても意味がない。彗星や新星発見が学問的に評価されるのは、天球上の座標とその発見時刻を報告し、他の人もその座標上に再確認できるからなのである。昔、常温核融合が話題になったが、だれも追試できなかった。あれも「ネッシー論文」である。

論文とは、何よりも最初に問題設定をして、しかもその問題設定を答えの出るように整えることに始まる。その次に、問題設定に答えるよう論旨を進めていくことが大事になってくるが、その際、展開される内容＝論文の本体は、他の人が再検証したり、吟味できるものになっていなければならない。すべての人が吟味できるように書く必要はないが、少なくとも、その問題を扱いうる能力・技術・知識を備えた人間であれば、論文と歩みを共にするようになるというのが、論文の標準的な姿である。これが、いわゆる論文の「説得力」というものである。「説得力」のある論文はよい論文である。そして、説得力を持たせるには、論文の材料、手順、背景など、「手の内」を明かすべきなのだ。「ネッシー論文」とは、「手の内」を明かさないというか、明かしようのない題材を選んでいるのであり、卑怯であり、弱虫である。

もちろん、論文を読む者が、執筆者と同じ作業を反復することはほとんどない。その問題領域の専門家であれば、テキストも参考文献も、すでに読んでいることが多いから、論文の内容が妥当なものか、一読して分かるわけだ。

文献表の作り方

文献表は、研究者にとってかなり気になるところである。私自身、とても気になる。自分自身がとても苦労しているところだからだ。そして、つい論文を審査する場合、細かく指摘してしまう。論文全体の評価にとっては、実は重要なことではないのだが、注意してほしい。

私自身の場合、論文を一応書き終えて、精も根も尽き果てたところで文献表を作ることになるが、これがノイローゼになるくらいつらい作業である。「バカヤロー」などと夜中に一人で叫ぶなど、罵詈雑言を吐きながら、文献表を作ることがしばしばある。理性的でない人間が学問するとこうなってしまうのだろうか。

私自身が論文指導する場合、最近は、あまり細かいことは言わなくなった。調べると案外面倒臭いのだが、ベテランの立場からすると、学生が提出した論文の文献表の表記に間違いがあっても、頭のなかでチョイチョイと修正・変換できるからである。

a　邦語文献（論文）の標準パターン（〔　〕部分はオプションである）

執筆者「……」、編者『著書名』、出版社、出版年、〔頁〕
執筆者「……」、『雑誌名』、巻号、出版年、〔頁〕

と表記するのが普通である。

【例】

八巻和彦「クザーヌス哲学における宗教寛容の思想」、工藤・斎藤ほか編『哲学思索と現実の世界』、創文社、一九九四年、一一七〜一五五頁
中村元「マウリヤ王朝時代における沙門」、『印度學佛教學研究』、第三巻第二号、一九五五年

b　他のパターン1

また、出典表記の手間を少なくするために、以下のようなやり方もある。

【例】

大倉浩（一九八七）「天理本狂言六義の『ござある』」、『静岡英和女学院短期大学紀要』第一九号
小林滋子（一九六一a）「三多摩方言アクセントの推移」、『国語学』四六輯
小林滋子（一九六一b）「三多摩地方のアクセントを地理的にみる」、『都大論究』一号

このように、「著者（出版年）」という表記法を文献表で用いておき、同一年に同一著者による複数の文献がある場合、ａｂｃなどで分けておくと、出典表記のときに、

小林滋子（一九六一a）二七頁
小林滋子（一九六一b）六五頁

というように記すことができ、便利である。

ｃ　他のパターン２（略号との併用）

出典表記でもっと楽をしたい場合、略号と併記しておく手もある。

【例】

ヴァルター・ベンヤミン『ベンヤミン・コレクション1』（浅井健二郎編訳、久保哲司訳）、ちくま学芸文庫、一九九五年［＝BC1］
三島憲一『ベンヤミン』、講談社、一九九八年［＝BM］

このように略号をつけておくと、出典表記は「BC1:45」（45はページ数）というように、簡単になる。これであれば、本文中に註として入れることができる。

【例】

こういったことを、ベンヤミンは聖書のバベルの塔の堕罪をモチーフに語る。堕罪以後、「名の永遠の純粋さ」（BC1:30）は傷つき、「事物の直観からの離反」（BC1:32）が起こったと言う。

古典的文献の場合のように、略記法に標準的なものがある場合ならば、それに倣えばよいが、問題なのは、新しい文献の場合である。その略記法を自分で考える必要があるし、読む方が略号から引用文献を思い出しやすいものにする必要がある。執筆者が自分でこしらえた、恣意的な略記法など、読む方はとても覚えきれるものではない。

略号のつけ方にもセンスがすぐ出てくるので工夫が必要である。著者の頭文字と刊行年をあわせて表示するのも一法である。

【例】

市野川容孝『身体／生命』、岩波書店、二〇〇〇年［＝IC00］
田渕安一『イデアの結界』、人文書院、一九九四年［＝TB94］

または、

【例】

IC00：市野川容孝『身体／生命』、岩波書店、二〇〇〇年
TB94：田渕安一『イデアの結界』、人文書院、一九九四年

文献の数が多くなくて、文中で引用する回数が多い場合は、スペースの節約、参照のしやすさから考えて、便利である。辞書で出典の表記が必要な場合も用いることがある。

この略号法は、何度も引用することになる一次資料の出典表示には向いているが、二次資料の出典表示には使わないのがいいのではないだろうか。

また、文献の数が多くない場合は、［1］［2］とかナンバリングして、出典表示に使用する場合もある。

【例】

［1］大和雅之「リゾームの『はさみ将棋』」、『現代思想』、一九九五年八月号
［2］大和雅之「分子ラング」、『現代思想』、一九九六年一月号

このように、文献表を作ると、文献［1］の四〇ページは「［1］40」というように、スペースを少なくして出典表記ができる。省エネにはなるが、その方式を決めるのに手間がかかるから、初心者はそこまで凝る必要はない。論文を量産する学者はこうでもしないと間に合わないから、工夫するのである。文献表記の方法はシンプルでよい。

欧文文献の表示法

欧文の文献をどう表示するかというのもなかなか面倒である。代表的なものをいくつか例示しておく。まず著書の場合は、

（a）著者, *書名*, 出版地: 出版社, 刊行年.

（b）著者（刊行年）: *書名*, 出版地: 出版社.

【例】

Avicenna Latinus, *Liber de Philosophia prima sive scientia divina*, ed. S. Van Riet, 3 vols. Leiden & Louvain, 1977–83.

または、

【例】

A. T. Welch & P. Cachia, ed. (1979), *Islam: Past Influence and Present Challenge*,

> Edinburgh.

が、代表的形式である。どちらがよいということもないが、一方で統一すること。書名はイタリックで表示し、サブタイトルがある場合はそれも入れること。出版社は抜かす場合も多く、いまでもその書式で書く人は多いが、書誌情報としては乏しいので、出版社まで明示するのが望ましい。例えば、フランスの場合、出版地はことごとくパリである。フランスの文献で、出版地のパリだけでは情報量がほとんどないに等しい。

また、註で引用する場合には、出版地、出版社、刊行年を（　）でくくる場合も多い。

著者名は、最近は、

Welch, A. T., & Cachia, P.

というように、ファミリーネームを先に書く場合も増えてきた。初心者はこだわらなくてよいかもしれない。

論文の場合もほぼ同様であるが、論文名はイタリックにせず" "（ダブルアポ）でくくり、雑誌名をイタリックにする。巻数（volume）、刊行年も付すのが決まり。一年に何冊も出る雑誌の場合は、「19-1」というように号数まで付すのが決まり。もちろん、文献表では何ページから何ページまでの論文かを明示すること。また、文献註で、特定のページを引用する場合は、当然その特定のページだけ指示する。つまり、文献註では該当ページだけ、文献表ですべてのページを明記するということである。

論文を読む人間が、その引用文献を読みたくなって他の大学に文献複写を頼む場合、何ページから何ページまでの論文か書いてないと、図書館の人間を困らせることになったりする。

【例】

J. Owens, "Common Nature: A Point of Comparison between Thomistic and Scotistic Metaphysics", *Mediaeval Studies* 19 (1957):1-14.

文献表の内容

文献表の作り方はこれくらいにしよう。ここまでこだわる初心者は多くないはずだ。もしこだわるとすると、立派に「偏執者」の資格がある。編集者か大学教官になるしか生きる道はないかもしれない。こだわりすぎは身の破滅をもたらしかねない。

文献表を見ると、やたら数が多いのを作る人間がいる。文献表に載せるものの選び方で、その人の性格が現れるようである。規準となるのは、次のようなところだ。

(a) 論文のテーマに関する基本文献であるかどうか
(b) 自分で全体を読んだか
(bb) 部分的にでも読んだか
(c) 論文を書く際に、裨益《ひえき》を受けたか
(d) 本文中でも引用ないし参照したか
(e) 自分で持っているか
(f) 文献の存在を知っているか
(g) 読むべきであったか

奥ゆかしい人は、ものすごくたくさん読んでいても、全体を熟読し、理解し、本文でもその内容を踏まえて記述したようなものしか、文献表に挙げない場合もある。ちょっと読んでも参照したことには違いないということで、文献表に挙げる人もいる。

かたや、読んでもいないのに自分で集めた文献を全部列挙する人間もいるし、本当は読むべきであったが、読めなかったものまで挙げる人もいる。論文は物知り比べではないのだから、たくさん知っていれば偉いということはない。これからの時代において、記憶量はＡＩやコンピュータに敵うはずがない。絶対にない。近世初頭に活版印刷術ができて、記憶媒体が頭脳から外部記憶に移っていったが、さらに電子化された記憶媒体の時代において、知識量で勝負しても仕方がない。それを処理・操作できる能力が重要なのだ。といって、記憶を軽んじすぎて、レポートや試験のときにスマホでＷｉｋｉｐｅｄｉａを調べて済ませようとする学生がいるのは困ったことだ。そりゃ、カンニングだろ！　ＡＩに代理試験させて許される時代が来ない限り、一定の記憶量やハビトゥスは必要なのである。

つまり、「参考文献」とは、「参考にした文献」と考える人もいるし、「参考すべきだった文献」や、研究者たる者これくらいは持っていなさいというつもりで文献表を立派に作る人もいる。

このあたりは好みの問題で、自分の知識量や所蔵文献の量を自慢したい人はたくさん挙げればよいだろうし、奥ゆかしい人は少なめに挙げるのがいいだろう。

ただし、たくさん文献表に挙げてあるのに、その文献を読んでいないことが分かったり、その内容に言及していなかったり、テーマと関係ないものまで挙げてあると、心底が見えてイヤになることも多いことは記しておこう。

また、文献表には、一般にはあまり知られていない優れた研究書を取り上げ、他の研究者に、その研究書の存在を知らせるという意味合いもある。

教訓　文献の数が多いからといって、よい論文になるわけではない。

註の作法と書式

註のつけ方はなかなか難しい。論者の美意識がモロに現れるところだからである。つけ方の前に、そもそも「註」とは何か、を論じておかないといけない。私が読む卒論には、註のない論文が少なくない。註をつけるのは、とてもストレスが溜まるし、面倒臭いのである。

まず、「註」とは、本文では説明できないことを、本文の流れを妨げないで説明することである。

- 用語
- 人物説明

・出典
・情報の出所
・その他、細部にわたること

などを表示する場合に用いる。

註のナンバリングは、横書きならアラビア数字、縦書きなら漢数字（アラビア数字もある）が普通であり、その場合、「下付け$\frac{1}{4}$倍」か行間につけるというのが普通である。印刷所ではこの行間に註のナンバリングができるが、普通のワープロソフトではできないので、「下付け$\frac{1}{4}$倍」の指定で処理するのがいいだろう。

【例】

天文学の領域においては、イスパハーンで閑居していたさい、アヴィセンナは新たな観測装置を作ることを試み、プトレマイオスの装置の種々の難点を指摘している（六五）。
（S・H・ナスル『イスラームの哲学者たち』黒田寿郎・柏木英彦訳）。

なお、「出典箇所の明示」と「参照箇所」とは明確に異なることを銘記しておくべきである。「　」の形で引用した場合、当然引用箇所の明示が必要である。新書や一般書の場合、引用箇所を挙げない場合があるが、そういうのを真似すべきではない。新書や一般書の場合、文献表や註のある本は売れないことに決まっているので、つけないだけである。もちろん、引用といっても一つの単語や短いフレーズのすべてに引用箇所を添付すべきかとなると微妙である。短くてもきわめて重要な語句であれば出典を明示すべきであるが、概して、少し長めの場合に明示するのが普通だろう。

「参照箇所」についても、ぜひ使いこなせるようになってほしい。例えば、ある段落や節の内容が、参考文献そのままではなく、要約や解釈を踏まえた記述である場合、「参照」(英語の略記法では cf.) と明示する。

この「参照」というのは、私は「参照しました」という意味であると思っている。ときどき「これぐらい知っていろよ」というようにしか見えない参照指示も見受けられるが、これも好みの問題であろう。

論文は基本的に「偏執者」の作業なので、この辺りの細かいことが気になるし、自分で書くときも、細心の注意を払う。もちろん、そのために私の場合は、内容の方がおろそかになったり、「てにをは」を間違えるということが起きる。

【例】

Cf. Platon, *Res Publica*, 509B.
岩田靖夫『倫理の復権』（岩波書店、一九九四年刊）二七三頁以下参照。

次に註の書式について述べておこう。こういう細かいところは、イヤになったという読者が多いかもしれないが、「偏執者」を相手にするには、こういうところをちゃんと押さえておかないといけない。私はこれでも大学教官のなかではかなりイイカゲンな方なのであるが、それでもこれぐらいこだわる。キビシイ先生だと、註のつけ方を一つ間違うだけで、「こんなものは論文ではない」とゴミ箱に捨てられる。

(a)《割註》

割註《わりちゅう》は本文のなかに挿入される註の文を二行に割って小さく書く割り書きのことだ。用語説明や、人物の生没年や簡単な説明の場合であれば、「割註」というやり方で処理できる。本文が九ポ（「ポイント」）であれば、六ポか七ポが普通である。

次の例のように、一行を二行に割って印刷するのは一般に使用されるパソコンのワープロソフトではできない（はずだ）から、無視する。なお、以下の割註は五・五ポで組んでもらった。

【例】

モーゼの見た火焔に包まれた荊棘〔モーゼに現れたヤハウェの姿である。旧約聖書出エジプト記第三章〕や、五旬節の日にキリスト教徒たちに現れた舌のような炎〔新約聖書使徒行伝第二章。キリスト教の聖霊降臨祭の起源〕などは、本来は幻光感覚がその起源だったのかもしれない（アンリ・セルーヤ『神秘主義』深谷哲訳）。

(b)《脚註》

横書きの場合、本文の下部に「脚註」が使える。これは本来、自然科学系の論文で使われていたものだが、最近のワープロソフトは、脚註機能もついているので案外簡単に作成できる。脚註は読む方も調べやすいのでお勧めである。ただし、私自身は使わない。私の書く論文は、註がかなり多いこともあり、しかも長い場合が多い。すると、一ページの三分の二くらいを脚註欄が占めるようになるし、気をゆるめると脚註だらけになって、本文三行のための脚註で、二ページくらいになってしまう場合がある。そして、脚註をつけたり増やしたりするのを繰り返していると、たいていパソコンがハングアップする。脚註がこわれて、何度最初から打ち直したことだろう。恨み骨髄なので、ワープロの脚註機能は親の敵と思って、絶対に使わないことにしている。

(c)《頭註》

脚註と反対に、縦組み本文で、上部に註欄を置き、そこに縦書きで註を書くのが頭註である。日本の古典の註釈書に用いる。岩波書店の『日本思想大系』や『日本古典文學大系』に用いられている。もちろん、論文には向かない。こんな註を使ったら、教授から膝蹴りを食らうおそれがある。

(d)《傍註》

《側註》とも言う。縦組み本文で、見開きの奇数ページの小口寄り〔書物の紙の切り口で背以外の三方を言うが、特に背の反対側を指す〕につけられる縦組み用の註のことを指す。印刷所にとって迷惑な註であり、パソコンにとっても、執筆者にとっても、読む方にとっても、迷惑な註である。

(e)《章註》

「章註」という言い方があるかどうかは知らない。便宜的にこう呼ぶことにする。

章や節ごとに、区切りのよいところで註をつけるパターンもある。論文が長くなる場合、全体を一ファイルにまとめにくい場合、章ごとにファイルにして保存することがあるが、その場合、章ごとに註をつけることもできる。これも使えるが、私自身は好きではない。三章構成くらいの論文だったら、註の場所も見つけやすいが、章の数が多い場合、論文の内容が錯綜してきて註を読む必要が高まってくるにつれて、ますます註を参照する気力がなくなってくるのである。つまり、註が必要になればなるほど、註を見たくなくなるのである。とはいいながらも、章ごとに註をつけて文句を言う先生はいないはずである。

また、一〇枚程度のレポートの場合は脚註にするか、最後にまとめるかが普通である。小論文は入学試験に出されることが多いから、註などつけない。小論文に註をつけたら、バカである。ただし、こういうバカならかわいい。

(f)《後註》

「後註」という言い方もあまり聞かないが、「後ろにつける註」だから「後註」でよいだろう。これがスタンダードである。いくらたくさんつけても、いくら長くなっても、かまわないというメリットがある。ただし、後註があまり長いと、探すのが面倒になるので、結局参照しないで読むことになる。だいたい、註が多くて長いというのは、自分で発見した事柄を自慢タラタラ書いていることが少なくない。本当に大事であるなら、本文の流れから多少離れていても、文章力を駆使して本文に入れるべきであるし、新発見の説明のような註は、勉強不足の結果、論者が新発見だと思ったものでしかなかったりする。

(g)《別冊註》

論文の本論部分と註の部分を別冊にする場合である。本文と註を一緒にすると一〇〇〇ページ以上になるとか、特殊な場合しか用いない。こういう註をつけるのは、素人であれば、バカである。しかし、私もやってみたい欲望に駆られるときもある。

そういえば、東大の文学部の卒論には伝説的なものがいくつかある。卒論が数千枚になり、リヤカーで運んできたという話がある。また、一〇〇〇枚近く書いた強者は、夢の跡にもならず、現存しているという。

やっぱり、若さはバカさだ。学者に必要なのはこれだけだ。

このように、註の書き方はいろいろあるが、チャンポンにしないで、一貫したつけ方をすれば、好みでどれを選んでもよい。ただし、必要もないのに註をつけると、バカがばれる。哲学者カントの研究論文で、カントの生没年などは普通記さない。また、伝記的事実から書き始める論文もあるが、人物研究のスタイルを主要方法とする日本文学や科学史など、特定の分野でしか用いない。哲学や宗教研究の論文で、伝記的説明から入っている論文を読むと「なんじゃ、コリャ」という感想を持ってしまう。

教訓　一般常識を註に書くな。

第六章　論文執筆あれこれ

論文の実例

ここまで読んでくると、略号法と註のつけ方と文献表のところだけで、頭が痛くなってくるだろう。本当に細かくてイヤなところである。実は、こういうところをキチンとしても、特に論文の評価が高くなるということはない。「論文の書式はよくできているね」と褒められる（これでは褒められていないか）わけでもない。ただ、論文の表題も、論文の〈顔〉だが、こういう論文の書式も、論文の〈顔〉なのだ。書式をちゃんとしないと、いつまでたっても、素人の論文と見なされる。アマとプロの差はここでも歴然としている。初心者はこういう細かいところを全部守ろうとする必要はないが、姿勢だけは見せた方がよいだろう。

すぐに使えるフレーズ集

まず最初に、論文の文章にするために、私が目にした例を材料にしてどう書き直すと論文らしくなるか、いくつか挙げておく。

・「私は……がどのようなものか研究したいと思います」

↓「この論文では……がいかなるものか論究していく」

•「この節ではこのことを中心に論じるつもりである」

↓「この節では以上のことが論じられる」

•「そういう文化のなかで生まれた私にとって……にはどうしても打ち解けない何かがあった」

↓「そのような文化には、……と相容れないところがあるように思われる」

•「私たちは、日常生活においてさまざまなうわさを交わしている」

↓「日常生活にはさまざまなうわさが交わされている」

•「結婚後、主婦として生活することに疑問さえ感じない女性が存在するのはなぜだろうかと考え、私はこのテーマを選んだ」

↓「このテーマは、多くの女性が結婚後専業主婦として生活することに疑問を感じないことを解明するために設定されている」

•「彼らの考えを比較しながら、このテーマについての考えをまとめてみたいと思う」

↓「彼らの考えを比較することは、このテーマを論じる際の有力な材料になると思われる」

例が多くなると分かりにくくなるので、これくらいにしよう。このような添削は、決してベストのものではない。人の文章を添削するのは、自分で文章を書くより面倒なところがある。手本になるかどうか自信はないが、実際の論文指導では、一文一文添削したり、口頭で「ああせいこうせい」と指導するのである。

ここに挙げたいくつかの例から、論文の文章の特徴がうかがわれるだろう。論文とは、共通の知に至る作業なのであり、普遍性を持っていなければならない。ATフィールド〔『新世紀エヴァンゲリオン』に登場する中心概念。Absolute Terror Field つまり、「絶対恐怖場」ということで、いかなる物理的攻撃もはね返すエネルギー力を保持する位相空間だとか何とか説明されているが、要するに「心の壁」のこと〕に閉じこもって、他人の批判が及ばないように、攻撃されないように、防御的に文章を書くことは論文にはなじまない。知識を共有する道を歩むことは、知の戦場に立つことなのである。

つまり、主観的な記述というのは、概して評価の対象になり得ないのだ。「遊園地に行ったら、楽しくなかった」というような記述は、点数のつけようがない。「遊園地に快楽を見出す人は少ない」と書いてあれば、検証のしようがあるのだ。

さて、ここで、論文を書き進める場合に、すぐに使うことができるフレーズを思いつくまま挙げてみる。自由に使ってかまわないフレーズである。ただし、この本がベストセラーになって「その心配は不要だが」、こういうフレーズが多用される論文があふれてきたら、そういう論文はあまり読みたくない。

・議論の展開に行き詰まり、それでも、書いたところを生かすために話題を転じるときの言葉
　↓「さて」
・論文がぐちゃぐちゃになってきた。ここまで書いたことを消すのはもったいないから書いておくが、ここまで書いたことは忘れてほしい、つまり、文章の「リセットボタン」を押したい場合の言葉
　↓「話が錯綜してきたので、話を戻すと」
　↓「議論が盤根錯節《ばんこんさくせつ》した観を呈してきたので、原点に戻って議論の筋道を確認しておこう」
・これまで指摘されてこなかったりだれも知らないことを、一見控えめに、しかしかえって目立つように表現したい場合
　↓「周知のように」（実際に周知の事柄について「周知のように」と書いたらただの

バカである。「周知の如く、太陽は朝に昇る」と書いたら、大バカである〕

・根拠のないことを書くことになり、そこを突かれると困るので、見逃してもらいたい場合

↓「根拠は必ずしも十分ではないが」〔この言葉は、初めから「ごめんなさい、自覚していますので見逃してください」という意味である〕

↓「……と述べても、必ずしもすべての人が反対するとは限らないだろう」〔オブラートを何枚も重ねて曖昧にすると目立ちにくい〕

↓「……という極論に比すると、幾分の妥当性も見出されるのではないだろうか」〔明らかにバカげた理論を持ち出して、それに比べれば、まだマシだと開き直る方法である〕

・ある事柄について説明できないので、あたかも説明したかのような印象を与えて、文章を書き進めたい場合

↓「〜については、後で述べることにする。（中略）〜については前に説明しておいたが」〔前と後が同じページだとすぐにバレる。数ページあいていると分かりにくい。ただし、ていねいに読む人にはバレる〕

・自分がいかに優れた研究者で、頭がよいか自慢したい場合

↓「従来の解釈はことごとく誤っていたと言わざるを得ない」または「～の点について、解明した文献があることを寡聞にして知らない」〔若い頃に書きたくなる言葉である。中年になってからこれをやると嫌われる〕

・ある研究書の間違いを指摘して、それよりもよい解釈が見つかった場合

↓「～に関しては、～という研究書が卓見を示しているが、以下の点については再考の余地があるように思われる」〔つまらない研究書より、よい解釈を出してもポイントにはならない。あくまでよい研究書より、もっとよい解釈を出したということを示すのがよい〕

・数多くの研究書を読んだが、得るところが少なく、にもかかわらずその苦労を論文のなかに反映させたい場合

↓「以下、これまでの研究史について、若干概観しておきたい」〔先行文献を渉猟していることで、評価が高くなる。転んだり、失敗したり、挫折してもタダで起きあがってはならない。失敗こそ人生の糧なのだ〕

・結論部分で、解明できないところが残った場合

↓「この論文で解明できたのは～という点までであり、～という点については未解明のまま残った。こちらの点については、今後の課題としたい」〔「できませんでし

た」というのは禁句である。「できなかった」という言葉は、一括変換で「今後の課題とする」と書き直すのが普通である」

以下、説明抜きでさまざまな言い換えを記しておく。

私は分からない　↓　解明できた研究者は少ない
〜はバカだ　↓　〜の見解には再考の余地が残る
〜は嫌いだ　↓　〜が一般的に受容される可能性は小さい
〜は読みたくない　↓　〜を正当に評価することは困難である
〜を読まなかった　↓　〜の評価はまだ定まってはいない
もうダメだ　↓　議論が錯綜してきたので、原点に戻ってみることにする
考えがまとまらない　↓　多少、迂路を辿ることになるが
イヤになってきた　↓　ここで筆を置くことにする
引用だらけになった　↓　さまざまな見解を年代順に整理してみる
合格させてください　↓　解明できた点は必ずしも多くはないが、若干なりとも寄与できたと思われる

他にもいくらでもあるが、全部バラすと企業秘密を明かすことになるし、自動論文作成ソフトが作られてしまう心配があるので、ここまでにしておく。

コラム　「合格させてください」

「合格させてください」というメッセージはこんな風に伝えるんだとネタを明かしたら、ある学生は「センセー、こんなこと書いてダイジョーブ？」と心配してくれた。心配の対象が、私の大学教師としての将来だったのか、それとも私の知性に対してだったのか、明確ではない。

「合格させてください」というのは、「解明できた点は必ずしも多くはないが、若干なりとも寄与できたと思われる」と書き直せばよいと書いた。論文のなかに「合格させてください」なんてメッセージは入れませんというのをここまで読んだら分かるだろうと思って入れたのだが、論文の文末にそう書いてある論文が全国各地で何本も提出されたと聞いて唖然としたことがある。いや、私が担当した論文にも一本ありました。次の年、「あれは冗談ですよ」と念を押した。

小論文について

小論文の書き方の類は、世のなかに腐るほど出版されている。そして、私自身、小論文の書き方について予備校で教えていたこともある。その上、授業では、小論文やレポートの書き方を指導してもいる。では、小論文の書き方が分かっているかと言えば、自分でも自信がない。落第論文ばかり書いていたから、その辺りに詳しくないというより、「書き方」が一般法則みたいなものを指すとすると、そういう一般法則があるのか、分からないからだ。

「人生どう生きればいいんですか」と尋ねられて、答えられたら、哲学者であるよりむしろペテン師である。答えはないというか、答えがないということが、人生生きるに値するという答えになる。答えがないからこそ生きていけるのであって、答えがあったら、生きている必要はない。

でもこういうのは、ディスクールとしてはまずい。屋上から飛び降りようとしている人に向かって「飛び降りてもいいけど、自分で掃除しろよ」というセリフと似ている。事実をいくら積み重ねても、小論文を書く気力は湧いてこないし、うまくもならない。

そこで、おまじないのようなことをいくらか書いてみる。

(a) 起承転結なんかクソくらえ

小論文に形式などはいらない。一〇〇〇字や二〇〇〇字程度であれば、自由に書いてよい。起承転結や序破急の形式に収まっていても、点数になどならない。いや、点数にできないのだ。面接試験のときに、受験番号、氏名、出身学校の順で挨拶しても、出身学校、氏名、受験番号の順番で言ってもよいのと同じだ。

起承転結は漢詩の絶句の形式であって、小論文の形式ではない。「京都三条の糸屋の娘、姉は十六妹は十四、諸国大名は弓矢で殺す、糸屋の娘は目で殺す」という起承転結の説明があって、ああなるほどという説明が普及しているらしい。意外な実体験を挿入して「転」を狙う小論文は多いように感じる。しかし、「転」はいらないのですよ。二〇〇〇字以内の小論文でも学術論文でも、「転」はいりません、というか「転」なんか文章に入れたら、論旨がぶれて分からなくなる。気の利いた小話ができるか問うているわけではないのです。小論文は「大喜利」に出られる能力を見極めるために出題されているのではない。これは大きな声で力説したい。起承転結や序破急は、大喜利に出たい人のための文章作法である。

自分が書けるテーマで、書ける順番で書くしかないのだ。すべてをさらけ出して書くしかない。「身を捨ててこそ浮かぶ瀬もあれ」というヤツである。「自分らしさ」を出せということだ。「自分らしさ」がないと悩んでいる人がいるかもしれない。しかし、個性的であろうとすると平凡になり、平凡に徹しようとすると個性的になるというパラドクスがある。平凡さを洗練していけばよいのだ。

文章のネタが浮かばないという人は多い。特に小論文といった短い時間で、お仕着せの課題が与えられている場合、自分の経験の全体を総覧しても、大したことを経験しているわけではない。そりゃそうだ。外国に何度も行き来したり、戦火や大災害を潜り抜けてきた高校生は多くはない。波乱万丈の人生を経験してきたか見たいわけではない。自分の心のなかにあるイメージ、伝えたいイメージ、それは梅棹忠夫の絵であったりアニメの一コマだったり音楽だったり踊りだったり、さまざまな姿をとる。それを自分の言葉で伝えることが大事なのだ。オーケストラの指揮者が思い思いに指揮棒を振り、なんでそれがこれほど美しい響きになるのか不思議に見えるが、それは指揮者の心のなかにある音楽のイメージを楽団員が指揮棒の動きや言葉を通じて読み取り、心のなかの音の響きを楽器としての音の響きに変換しようとする共同行為に力を尽くしたいと思い、それを楽器で実行するからなのだ。

小論文は共同行為ではないけれど、自分の思いやイメージという、表現されなければ無定型態（アモルフ）なものに形を与える作業なのである。作文技術も見るけれど、表現力という個性を見たいのだ。

平凡さの足下を掘っていくと、「なぜ私は自分を平凡と思い込んでいるのか、いや思い込ませられているようになったのか」という考えに至るが、そこまで歩みを進め、自分自身の問題としてではなく、周りの人間をも含めて論じれば小論文になる。「汝自身を知れ」というのが哲学の基本テーゼだが、小論文で困ったときも、このテーゼが役立つ。

起承転結なんか、弱虫が手にしようとするナイフみたいなものだ。裸一貫が一番強い姿だ。

(b) キーワードを自分で考えろ

自分のことをさらけ出すのではイヤだというのであれば、何かキーワードを考えろ。主題として論じやすく、結論は出ないとしても、ある方向性が提示できそうなキーワードを考えろ。このキーワードを考え出すためであれば、短い試験時間でも三〇分費やしてもよい。着眼点が個性的であれば、それだけで点数になる。もちろん、新聞や週刊誌によく取り上げられるようなテーマはみんな取り上げるからダメ。少年犯罪がマスコミを騒がすとほとんど全員が、少年犯罪のことばかり論じる。そこは我慢して読んでも、自分のことは棚に上げて、「他人の気持ちを思いやることができなかったからだと思います」とか書いてあると、答案を破りたくなってしまう。他人の気持ちを思いやって犯罪がなくなるなら、こんな楽な世のなかはない。この地上に人間が住む必要はないし、天使だけが住んでいればよい。シロクロつけることが大事なのではない。

受験問題と違って、○か×か決めるのではなく、決められないということはどういうことか考えてほしいのだ。タレントになる夢があって、タレントになれれば○、なれなければ×、法学部に入ったら○、入れなければ×、というような、二者択一的、善悪二元論的な見方をやめてほしいのだ。だから、小論文なのであって、二者択一的思考を問うのであれば、選択問題か、穴埋め問題で十分だ。

子どもの頃から、手取り足取り教わっていると、キーワードも自分で考え出すのではなく、学校の先生、塾・予備校の先生、参考書が教えてくれるものだと思っている学生も少なくない。自分で考えろ。

（c）キーワードの概念分析

キーワードを思いついたら、自分なりに分析してみろ。国語辞典に書いてあることを気にしていてはダメだ。なにしろ、小論文を書くときは、普通、国語辞典はそばにはない。自分の理解を明示して、それが間違っていても、それで勝負するしかない。

間違っていても、ちゃんと自分で分析すれば、それでよい。分析の結果、自分が問題にしたいことが、姿を明確に現してきたら、それで十分だ。そう、自分で発見しようとする意欲と能力を見たいのだ。知識は後で身につけてもよい。意欲と能力があれば、なんとかなるのだ。

(d) 内容把握と現実の問題への適用

キーワードを分析したら、自分の知っている問題状況とどう関連するのか、書いてみよう。マスコミに取り上げられる問題だとワンパターンになるから、身近な問題でもよいが、具体的状況の説明は手短な方がよい。詳しく説明する人間も多いが、こういう具体的状況の説明は点数にならないから、必要最小限度にとどめるべきだ。

(e) 問題の所在の解明

問題の所在を解明できれば、自ずと解決への道のりは決まってくる。別に具体策まで書く必要はない。問題の所在がどこにあると考えるか、そこに「自分の考え」というのがあるのだ。別に、「〜しなければならない」とか「〜すべきである」ということだけが、「自分の考え」になるわけではないし、そういう声高な主張は、たいていバカげていて、読んでいるとムカツク。真理はひそやかに語られるのであり、声高な主張は真理からほど遠いことが多い。

思いつく要点はこれくらいだ。細かい技術はいらない。普段から、自分で本を読んで、自分でテーマを決めて、自分でときどき小論文を書いていれば、なんとかなる。

論文執筆格言集

ここまで書いてきたことは、結局のところ、心のなかにある思想の〈かたち〉を、文字に定着し、固定化した〈形〉にするための技法のことである。〈かたち〉は、ひらめきであったり、ビジョンであったりするが、それを見据えて手に取ろうとするとすぐに見えなくなる場合も多い。目に見える〈形〉にすることで、実は、曖昧であった〈かたち〉も明確になっていく。つまり、〈かたち〉は最初にありながら、最後に現れるものだということだ。そして、この〈形〉に表現する技法をハビトゥスとして考えているのだ。実は、この本は形而上学の以上のモチーフを論文執筆に応用したものだ。形而上学もなかなか役に立つのである。この点については、拙著『新版 天使の記号学』（岩波書店）を読んでください。

最後に、役に立つかどうか分からないが、迷ったときのおまじないになるように、論文格言集をつけておく。三つ子の魂百まで、ということで、ここでも箇条書きである。この著者は箇条書きがとても好きらしい（と、他人事のように書いておこう）。

(a) 初心者用

・題目が決まったら、まず書き始めよう

「愚かな人間は考えないで書き始める」という格言があったが、書いているうちに愚かでなくなってくるのだから、書き始めてから考え始めてもよい。大事なのは、とにかく考える機会を作ることだ。書き始めないと、いろいろ悩むだけでよいことはない。書かないリコウよりも、書いたバカの方がずっとエライ。

・迷ったら最初に戻れ

最初の問題意識は書いているうちにだんだん忘れるものだ。それはそれでよいことだが、「初心」のうちには、書き始めるための起動力が備わっていたはずだ。思い出すと書き進める気力につながる。道に迷ったら原点に戻るのが基本の一つだ。

・段落ごとに見出しをつけろ

段落ごとにまとめると、その段落で何を述べようとしているのか、自分で確認することにつながり、何を書くべきか、何が不足しているのかが見えてくる。

よく、段落のないような論文を学生が出してくる。どうも、何を書くべきなのか、何を書いているのか、分からなくなるとこういう文章になりやすい。自分のために見出しをつけると、自分で何を書いているか見えてくるし、段落もまとまりやすい。

・書きたい気持ちを吐き出せ

書きたいこともないのに文章を書くと、読んでいる方もこれまたつまらないことはない。書いている本人が面白いと思っていないことは、読んでいる方も面白くないし、書いている方が書きたいことでなければ、読む方も読みたいとも思わない。文章を書くことを、義務・仕事・勉強にしてはならない。学問をするためには、勉強してはならないのだ。「勉強」ほど、学問の敵になるものはない。

ところで、文章が浮かびやすいのは、私自身の場合、心が七割内側を向き、三割外側を向いているときである。要するに、いくぶんネクラになっているときである。気分が楽しく、他者への善意や愛情に満ちあふれているときは、分かりやすい文章は書けるが、どうしてもユルフンになる。また、一〇割心が内側を向いていると、あまりにも凝り固まっていて、しかも飛躍の多い、理解しにくい文章になる。

要するに、私の場合、文章を書くときは、意識的に、鬱モードに自分を追い込んでから、仕事にかかる。なお、この本は鬱モードに入らないまま書いたものである。

・ムダな文章はどんどん削れ

苦労して考え出した文章だと、惜しくなってどんどん残したくなる。特に、パソコンで書いていると、どんどん文章が溜まっていく。しかし、使えない文章はあくまで使えない文章である。情け容赦なく捨てていくべきだ。名文を書くためには、よい文章を思いつく能力が必要なのではなくて、ダメな文章を切り捨てる能力が重要なのだ。文章を見分ける能力が大事なのだし、自分の文章についても、独りよがりや自己陶酔に陥らずに、悪いところを切るべきだ。一般に、自分の書いた文章が名文だと思えてきたら、「病気」である。少なくとも、文章の上達は止まっている、と考えるべきだ。

・必ず下書きは他人に読んでもらえ

自分では分かっているつもりでも、他人にはさっぱり分からないということは多い。一人だけの世界で文章を書いてはならないということだ。
読まされる方は災難である。しかし、積善の家には必ず余慶あり、というから、他人の論文を読んであげて、功徳は積んでおこう。

・「前書き」は最後に書け

「前」に書くのが前書きだと思っている人がいるが、あれは大違いである。「前」に置いてあるのが「前書き」なのである、と私は思っている、だいたい、最初に書いた前書きなんて、たいてい恥ずかしいものだ。最初に書いて、最後に書き直して、論文の最後の時点に書くのが「前書き」である。そうしないと、「前書き」と「結論」が一貫しないということが生じる。「前書き」と「結論」が首尾一貫しているのは、「結論」に合うように「前書き」を書き直すからである。ここも基本の「キ」である。

なお、私の場合、後書きや最後のキメの言葉は最初に考えている。それが思いついたら、書き始めるのである。ただし、最初カッコいいと思った言葉も二、三日後に読み返すと、前日書いたラブレターと同じで、反古《ほご》にすることも多い。

・書くことがなくなったら引用を増やせ

引用の多い論文を書け、ということではない。書くことがないというのは、たいてい「ガス欠」の状態である。いろいろ本を調べてノートに取ることは、ガソリンを補給することだ。場合によっては、論文にも引用として使えるし、頭を整理することにもつながる。頭が動かないときは、大事だと思ったところを、「写経」の精神で写すのも大いに意味がある。

・段取りをつけよう（書き始める前の段取りがすべてだ）

さっきは、考えないうちに書き始めろと書いた。矛盾しているようにも見えるが、そうではない。私がさっき書いたのは、段取りはつけたが、いつまでもグズグズして、書き始めない人間が少なくないからだ。

締め切りの二週間前になって、日本国内の図書館には所蔵されていない雑誌の論文が不可欠な論文であることに気づいた例などを見ているからだ。

・オリジナルな論文を書こうとするな

・頭が混乱してきたら、だれかにぶちまけよう

・「しかし」を多用する論文はデキの悪い論文である

・迷ったら声に出して、原稿を読んでみろ

(b) 中級者用

・論文は山のようなものだ。頂上を二つ作るな
・調べたことを全部書くな（書かないことが大事な場合もある）
・必ず要約できるように頭を整理しておこう
・最初にキメのセリフを三つぐらい用意しておこう
・知識をひけらかすな

(c) 上級者用

・自信のあるところは気弱そうに書け
・自信のないところは自信満々に書け
・リズムの悪い文章は中身も悪い
・酔っぱらった頭で読み直すとこなれた文章になりやすい
・隠し球は残しておけ

最後は急ぎ足になってしまった。細かい論文の技術は他にもいっぱいある。しかし、私自身、そんなに論文の技術は身につけていないし、身につけないでもなんとかなっている。学者として生きていくには、もっと修業が必要だが、私程度の論文でもなんとか生きていけるとすると、私の持っている技術はこの本に書いた以上のことはない。

一流になりたい人は、論文の書き方の類を二、三〇冊読む必要があるだろうが、そうでなければ、この本一冊で間に合うように書いてみたつもりだ。論文に関する私の知識のすべてを書いたのだ。

もし、これで論文書いて失敗したらどうするんですか、と言う人がいれば、責任をとります。しかし、どうすれば、責任をとったことになるのだろう。とにかく、「木登りブタ軍団」でも作ろう。

木から落ちてもタダでは落ちない心意気です。私自身、タダでは落ちていません。落ちたからこそ、こうやって「論文マニュアル」が書けるのです。

あなたも木登りブタになってみませんか。

おまけ　大学院生と教員のためのおまじない

大学院生向け

大学院生が修士論文・学術論文を書く場合の参考になる、中級者向け『ぎりぎり合格』を書いてほしいという声やそういうリクエストをもらったこともある。『ぎりぎり合格』は、主として大学生向けだったから、読者は一定数見込めるが、大学院生になると、学問分野ごとに作法も書き方も研究法も異なるので、『西洋史学向け論文マニュアル』『心理学系向け論文マニュアル』『ドイツ文化論向け論文マニュアル』とか書き分ける必要が出てくる。あまり意味のある本にはならないし、なによりも売れそうもないのである。

・論文で大事なのはこだわりだ

論文執筆において重要なのは、こだわりだ。記憶力よりも語学力よりも分析能力よりも文章力よりも、何よりもこだわりである。本日の金言「こだわりを持て。そうすれば道は開けるだろう」。

ある有名な日本の哲学者が言っていたことだが、要領よくきれいに論文をまとめる人は論文そのものの完成度が高くても学者に向かないことがある。未完成で未熟だけれど、熱意とこだわりが、学者としての将来性の徴《しるし》だったりする。要領よく論文をまとめると、その後続かないということもよくある。

・研究者を目指すんだったら本に殺されろ

大地震が起きて、本につぶされて死ぬことが本望と思えるかどうかで、文系学者向きかどうかが判別できる。本に埋もれて、本に殺されて死ねれば本望と思えるのか、お金も欲しいし名誉も安定した地位も欲しいし温かい家庭もマイホームも欲しい、本のなかで死ぬのはいやだという方は、ぜひ要領よくふるまってアカデミズムで棲息する方法を探してください。この本はそういう方には向かないかもしれません。書物と論文に死す、というのが学者の宿命ですから。

・興味が湧かない、論文のテーマが見つからない

大学院に残って、研究者・教授を目指したい。しかし、自分のテーマが見つからない、という人は多い。私の知り合いには、何にでも興味を持つ人が何人かいる。仮に井山さんと名づけておこう（実在する人物かどうかは十分に検証を重ねているわけではない、実在する場合にはご容赦ください）。

大学院に入って研究者を目指すんだったら、強迫的な衝動、デモーニッシュなものがないとなかなか芽が出ません。他の人と比較して、相対的に優れているというのでは、大学の教員の募集に集まるのが一〇〇人をすぐ超えるような状況のなかで最終選考に残れないのです。比較するまでもなく、独自な個性を持っている者が目立ち残ります。金色のオタマジャクシが成長して金色のカエルになったというニュースがありました。オタマジャクシの場合は、鳥に食べられて生き残りにくいのですが、学者の場合は食べられてしまわない限り生き残りやすいのです。

・知識量で勝負しようとするな！

いっぱい勉強しました、本もたくさん読みましたというところを売りにする論文というのは、高い評価をもらいにくい。論文を三回も四回も読んでもらうことは期待しにくいのである。二回読んで論旨が頭に残るものでなければ評価されることはない。そして、学術論文は皆、知識量で勝負してくるので、いくらたくさん読み、書き込み、内容を詰め込んでもそれは苦労のわりに評価の対象にはならない。全員たくさん読んでいるので、たくさんリンゴが積んであるなかで、「オレはこんなに赤いぞ」と自慢しても高い値段がつくとは限らないことと似ている。

したがって、全部参考文献に挙げずに、書いていないところでそれを知っているという深慮遠謀がよいのだ。「死せる孔明、生ける仲達を走らす」と同じで、「書かざる文献、識者をして唸らしむ」というように書かないで気づかせる芸当が、「不在の芸」という技量なのだ。書いて示そうとすると、参考文献のページばかりが長い、無駄ページの多い論文になってしまう。手柄指向、被評価者の視点です。

・査読者の先生たちには気をつけろ！

学校の先生は褒める立場にあり、褒められる立場にはありません。生徒は褒められる存在であり、先生は褒める存在です。先生になっても、褒められるという生徒の立場に固執する人もいます。「大人子ども」という存在です。校長先生になるとだれにも褒められません。孤独な存在です。先生たちはそれで赤ちょうちんに行って褒め合います。校長先生は赤ちょうちんにも呼ばれず、浜辺に海の波を見に出かけます。

学問の論文の世界でも同じです。五〇歳を過ぎて評価者に立ち、論文を査読する立場になれば、自分の見解などを若者にプレッシャーをかけて強いたり、批判することは卒業すべきです。老学者は死なず、去り行くのみ、と言った人がいるかどうか知りませんが、それは真理なのです。大人になるというのは、褒められる存在から褒める存在になるということです。被評価者から評価者になることなのです。疲れてもだれも労《ねぎら》ってくれない存在へと成長していくことなのです。

論文指導者向け心得帳

哲学の文献を調べていると、昔の人が全部書き切っているではないかといつも思う。特に、私の関係する中世になると、ローマ法でも教会法でもスコラ哲学でも、当時の神学者が全部書いている。全部書いているからと言って、近世に入ってからだれも読まなくなり、存在しないことにされてしまったから、「遺跡」状態で発掘する作業が待ち受けているのだが、古代文明とルネサンスの間の何もない時代としての「中世」なんてよく名付けられたものですね、と嫌味を言いたくなる気持ちと、私に残された仕事は何もないという絶望に苛まれる。まあ、だれかが絶望に陥ろうとどうでもいいことなのですが。

と、うだうだ言わずに、指導者向けの言葉を少し書いておきたい。最近いくつかの学会で、ベテランが若手の論文を査読する場合に問題となっていることが多いのだ。特に気になったことをいくつか書いておく。

・ほめて伸ばすか、けなして伸ばすか

アドバイスを与えるというのはどういうことなのか。教師やおせっかいの人によくあるのは、ダメなところを指摘して、ダメなところをなくせばよくなるという考え方だ。つまり、他の人に対してダメな点を指摘して文句を言うことは、善意であり、自分が善人であることを示していると考える。その結果、どこに行っても、これはダメ、あれはダメと小言幸兵衛としてふるまうことになる。相手の悪いところを示して、教えてやることは善意であり、相手のためだと思うのである。相手の失敗に対して、怒りや嘲りや見くびりや苛立ちがなければよいのだが、そういう負の感情が前提されていると、感情は共感という通路によって相手に瞬時に伝染し、相手に同じ感情が生じ、増幅しあって、大ゲンカになることがある。長年連れ添った夫婦であっても、信頼関係のできた師弟関係でも、感情的判断とそれに基づく指導は破壊的な効果をもたらしたりする。そういう例をいやというほど見てきた。仲良すぎるがゆえに壊れる関係ということがあるのに、そういう人間関係の基本的構造が知られないまま、善人と善人による死闘が起きるのだ。

よい指導者は欠点を指摘するときは、自分の体に錐を刺す気持ちで言葉に出すべきなのだ。教師としての善意で、一生懸命やっているから「私はよい教師だ」などと思うようになったら最低の教師である。教師とは、生徒よりも先に滅んでいく存在なのである。それは銘記すべきだ。

コミュニケーションとは面白いもので、数学の足し算・引き算のようにいかないのだ。マイナスをなくせば全体としてプラスになる、というのは単純功利主義というものだ。マイナスをなくすよりも、プラスを指摘することで、マイナスも減るという理屈が存在することを無視する人は多い。ダメの指摘は褒めて伸ばすと真逆で相手を腐らせ、ダメを増やしがちなのである。批判されて腐るような惰弱な人間はいらない、それでは軍隊ではやっていけない、という精神主義を述べる人は昭和時代末期にはいたが、平成・令和時代は、そんなハラスメント礼賛型思考は似合わないのだ。これからの時代を生き延びる精神は強靭な精神ではなく、惰弱な精神である。

教師とは教える存在ではなく教えられ、成長し、存続していくべき存在の前で、消えていく存在なのである。

そうそう、だから教師は自分は消えていくべき存在であり、「論文を書く気力がすぐになくなるようなあなたこそ、ミライの人間なのだ」と褒めておいて、論文の執筆に向かってもらおう。

文系でも五〇歳を過ぎると下り坂だし、六〇歳を過ぎると「老害年齢」である。次の世代に活躍してもらいましょうね。

参考文献

「論文の書き方」の類は、約三〇冊ほど揃えた。もっとたくさん出版されているのだが、途中で購入するのをやめてしまった。これまで、私はそういうのを読まないで、論文を書いてきたし、論文・小論文の指導の際にも、参考にしたことがないのである。私自身がいかに論文を書き、指導してきたかで勝負するしかない、と考えたのである。とはいえ、独断と偏見ばかりだと困るので、いくつかは参考にしてみた。以下に挙げるのは、そのうちでも特に役立ったものである。

・William Coyle, *Research Papers*, 11th ed., Boston: Allyn & Bacon, 1998.
・H. W. Fowler, *A Dictionary of Modern English Usage*, 2nd ed., Oxford/New York: Oxford U.P., 1965.〔イギリス英語の書式に関する、きわめて有名な辞典だが、読む人は多くはないようだ。記号の使い方の説明なども、詳細で味があり、とても面白い。偏執度はすばらしい〕
・斉藤孝・西岡達裕『学術論文の技法（新訂版）』、日本エディタースクール出版部、二〇〇五年〔標準的偏執度の論文執筆教本〕
・中村健一『論文執筆ルールブック』、日本エディタースクール出版部、一九八八年〔長く出版社の編集部にいた人物だけあって、ちゃんとした「偏執者」である。偏執度は上級。記号の使い方の説明はマニアックで快い」

・ウンベルト・エコ『論文作法』(谷口勇訳)、而立書房、一九九一年〔とても面白いし、いい本だ。しかし、原著がイタリア語であり、日本にはそのまま適用できないのが難〕

・高橋順一、渡辺文夫、大渕憲一編著『人間科学研究法ハンドブック』、ナカニシヤ出版、一九九八年〔論文の書き方だけではなく、研究法の全体を概観した、よい本である。実践的で使える本だ。論文執筆篇は短いが、役に立つ情報が簡潔にまとめられている。しかし、実践的という点では、私のこの本の方が優れている(と思ってみたい)〕

・櫻井雅夫『レポート・論文の書き方 上級』、慶應義塾大学出版会、一九九八年〔表紙の書式を何種類も紹介するなど、なかなかマニアック。偏執度は中級〕

なお、論文執筆法とは関係ないが、矢玉四郎『はれときどきぶた』『あしたぶたの日ぶたじかん』『ぼくときどきぶた』(いずれも岩崎書店刊)は、ブタになって苦しんでいるときに、勇気と慰めを与えてくれる童話である。あえて、参考文献に挙げておきたい。

・戸田山和久『新版 論文の教室』、NHKブックス、二〇一二年〔くやしいのだが、よい論文執筆法である。この本より詳しい。しかも名著だ。しかし、よい論文執筆法を読んでも、よい論文を書けるとは限らない。と、負け惜しみを言っておこう〕

・外山滋比古『思考の整理学』、ちくま文庫、一九八六年

・梅棹忠夫『知的生産の技術』、岩波新書、一九六九年〔和文タイプとか、かなタイプへのこだわりが語られ時代が古いが、基本的思考法についてはいまも当てはまる。カード式はいまではスマホの時代で見かけないが、私自身は反古になった紙を束ねて、メモ帳として使い、いたるところに常時設置している。出物腫れ物所嫌わず、と言うけれどアイデアも時間と場所を問わないのです〕
・河野哲也『レポート・論文の書き方入門　第三版』、慶應義塾大学出版会、二〇〇二年〔一〇〇ページちょっとしかないのだが、必要な情報が簡潔に紹介されている。レジュメを作る際にどのように批判的・論理的に作成していくかに重点が置かれ、コスパがよい〕

原版あとがき

私の本は、あとがきから読まれるか、あとがきだけが読まれる傾向にあるようだ。私も、他人の本はあとがきから読むから、だれでも同じなのだろう。したがって、「はじめに」と同じことを書くことになるが、この本のコンセプトは、木登りブタによる、木登りブタのための論文入門ということに尽きる。

題材の多くは、私が勤務する新潟大学人文学部の卒論（平成十一、十二年度）から取らせていただいた。協力していただいた学生の方々と、論文の貸し出しからインタビューまで引き受けていただいた、新潟大学人文学部の教官には感謝を捧げたい。「悪い見本に使うからね」と言っても、イヤイヤ協力してくれた学生には特に感謝したい。論文の執筆者については、実名はともかく、「山内×朗」というように関係者にだけ分かる表記法も考えたが、人数が多すぎることもあって、やめることにした。また、論文を使うからとお願いしておいて、使わなかった方々にはお詫びを申し上げる。

論文への評価のような言葉を付しておいたが、これは著者自身の評価であって、実際に出された成績評価とは一致していない。

ところで、なぜこの私が「論文の書き方」を書くという珍事が起こったのだろうか。遡ること六年ほど前のことである。その年、私には八人の卒論指導の学生がいた。

これが何を意味するか、理解してくれる人は多くないようだ。世間の人から、「大学の先生は、時間も自由に使え、その上、春休みと夏休みがあっていいですね」と言われることがよくある。「んなわけねーだろ」と思うが、口には出せない。年末から新学期にかけては、来年度の授業計画・シラバス、卒論指導と卒論査読、二〇種類に及ぶ入試、成績提出、分厚い報告書に責め苛まれる教授会、卒業式、入学式の準備、新学期ガイダンスの準備と、責め苦が続く。新学期になると、生活は授業と会議と学生指導で終わり、休む暇なく、責め苦が楽しめる。ふと気づくと毎年、夏になっている。

夏休みはどうか。やっと一休みして自分の研究ができるかと言えば、大違いである。その年は、八人も卒論指導の学生がいて、しかもテーマは、ライプニッツ、ベルグソン、メーヌ・ド・ビランなど、バラバラである。すると夏休みは夏期休業ではなく、夏期繁忙期となってしまう。テキストを原文で読むのを基本にしているので、普段の授業期間も空いている時限には、テキスト講読の語学力を養成しようと、希・羅・亜・伊語などの文法を教えたりしているが、夏休みに突入しても状況が変化しないのである。

するとと、夏休みはほとんど毎日、マンツーマンで読書会である。もちろん、貧乏国立大学にはクーラーはない。「窓に西日が当たる部屋」で汗みどろになって、若者と密室で二人きりでテキストと格闘するのである。テレサ・テンの「つぐない」の世界である。額に汗を浮かべながら、テキストと格闘している姿は、思い出しているときには美しいか、淫靡な感じもする。だが、現場にいると暑いだけだ。西日に向かって、二人で「バカヤロー」と叫ぶのが関の山だ。午前中に予習して、午後に読書会を時間無制限でやって、慰労をかねてビールをご馳走し、夜には、溜まった原稿を書き進める。子守り、料理、洗濯、掃除もある。避暑地の別荘に籠って、汗水流さないで研究ができるのは、金持ち教官にのみ許された特権なのである。貧乏教官は、指導学生と研究の仕事と家事を抱えながら、頭を使う余裕もない。論文とは汗で書かれた文章だが、論文指導も汗まみれの仕事なのである。

要するに、卒論の指導をマジメにやっていると、夏休みなどない。少なくとも、思索に耽る優雅な時間などは持てない。これが大学教官の生活である。そのせいかどうか、私の場合は、ふと気づくといつも夏か冬である。日本に四季があると実感したことは、大学教官になってから一度もない。

今回、このグチ話を平凡社編集部の西田裕一氏に話したら、それを本に書いてくださいということになった。私の論文はほとんど読まれないか、読まれても評判が悪く、何を書いてあるか理解不可能だと言われるが、そういう人間の論文入門は、案外希少価値があるのだろう。論文指導上、周りからも、論文入門を待ち望まれていたということもあって、書き始めた。ずいぶん時間がかかってしまったが（丸三年かかった）、やっと出来上がった。論文と同じで、内容の善し悪しはともかく、出来上がったということだけで嬉しいものだ。

さて、話は前後するが、論文の反名人が、なぜ雨後の筍のように論文を粗製濫造できるようになったのだろうか。外国語もろくに読めない、友達も少ない、口べたで話も不明瞭、論文を書いても理解不可能、関心が多方面に向いて飽きっぽく、理解力が遅い上に怠け者、すぐに鬱状態に陥るといった具合だが、そういう私が気も落とさずに論文を書き続けているとすれば、それは「虚仮《こけ》の一念」ということに尽きる。自分のやりたいことをやりたいようにやり続けたことだ。よく周りが許してくれたものだと感心する。だれかの陰謀か、何者かの采配によるのか、分からないが。

とはいいながらも、即身仏と天使とライプニッツと修験道とイスラーム哲学とスコラ哲学とセクシャリティと普遍記号学、こういうのを一緒に考えている人間がいたら、私だってつき合いたくないが、自分自身とはつき合うしかない。まあ、手に余る〈存在〉なのである、この私というヤツは。〈私〉とは根源的他者なのだ。勝手にやらせておくしか仕方がないが、これを私なりに表現すると「私とは私以外の何ものでもない（ego est ego tantum）」となる。こういうのを座右の銘にしているのだから、やっぱりバカだね。

要するに、この本は、西田裕一氏の発案と創意によるところがきわめて大きい、ということだ。彼は、私を木に登らせるのがうまいし、落ちそうになると、何度も下から受け止めてくれた。今回、木から落ちなかったとすれば、全面的に西田氏のおかげである。感謝の気持ちを表したい。

最後に一言、木に登ったブタはどうやって木から降りればいいのだろう。

二〇〇一年七月七日

山内志朗

新版へのあとがき

『ぎりぎり合格への論文マニュアル』(『ぎりぎり合格』と短く書く)を出版して、ちょうど二〇年を過ぎた。今回の新版は二〇周年記念となる。本を出していろいろなことが起こった。笑える論文執筆法だというので、「お笑い市民大学講座」を担当したり、『中日新聞』に「哲学つまみ食い」を連載したり、NHK新潟の番組に呼ばれたり、フジテレビの『トリビアの泉』に二回出演することになったりした。お笑い哲学を期待されたようだ。その結果、握手を求められたり、サインをねだられたりと、哲学研究者にはふさわしくない出来事が降りかかるようになった。

「元の木阿弥」ということわざがある。筒井順慶が幼少のころ、父の順昭が死ぬとき、その死を隠すために盲人の木阿弥を身代わりに立てたが、順慶が大きくなると身代わりも不要になって、元の木阿弥に戻ったという話らしい。木阿弥さん、元の生活に戻れてよかったね、という話ではないのだが、この「元の木阿弥」というのも、「木阿弥」さんの普通の生活に戻ることへの願望を読み取ることもできないではない。私も忙しくなった。一段落がついて、私もまた「元の山内」に戻ることができました、それでメデタシメデタシと終わるかと思っていた。人生はいろいろな転がり方をする。

「元の山内後日譚」の始まりである。東京の大学に転勤することになったのである。一度も足を踏み入れたことのなかった慶應義塾大学に奉職することになったのである。「山内君は慶應のイメージには合わないけどね」と言われつつ、慶應女子高等学校の校長などになるなど、どっぷりと慶應にはまってしまった。

人生とは、哲学がいかに未来の認識可能性を論じようと、それとは関係なく、転がっていく。ま、だからこそ人生は生きてみないと分からない。論文執筆法はもしかしたら人生の生き方を教授してくれるかもしれないぞ！（誇張あり）いろいろ言いながら、来年は定年だから、やっと「元の山内」に戻れそうである。

二〇年前に話を戻す。『ぎりぎり合格』は書かれてしまったのである。その後始末をしないといけない。いまでも、論文の苦手な私がなぜという気持ちをふつふつと感じながら、この本の手直しを行ったのだが、さらにバックトゥー過去である。振り返ってみると、三五年ほど前、予備校で小論文の指導をしていた。作文や読書感想文が苦手という生徒はとても多い。「自由に書いていいんだよ」と教えてあげるのだが、書くことがないと彼らは言う。その頃、私も大学院の博士課程に入ったが論文を書けないままでいた。生徒と一緒になって、「オレも書けないいんだ」と髪をかき乱しているしかない。そういう私が何を教えるというのだ!

書くことがないということは、論文についても同じことが言える。きっと大声で自信をもって語ってよいことのような気がする。大学院に入って大学教員になるためには、審査つきの全国雑誌に五、六本学術論文を掲載することと博士論文の提出が必要だ。しかし書きたいことがない。いや、論文を書くということ自体が異常行為なのではないか。

いやはやなんとも。「論文って何なの?」という疑問よりも、「書きたいことがない」という悩みに出会うことの方が多い。「倫理学が面白いかな、大事かなと思って専攻してみたけれど、なかなか難しいし、全体の姿もよく分からないのに、自分でテーマを選んで論文に仕上げなさいと言われて、困っています」と途方に暮れている学生の顔が浮かぶのである。論文として世間から評価されるものがどういうものかは、学問の世界でのつき合いの幅を広げれば見えてくるけれど、専門家になりたいわけでもないというのが学生としては普通である。

「幸福とは何か」と問題の構造は同じである。他人様が言う幸福がそのまま自分の幸福として受け入れられる者は幸せだと言うこともできるのだろう。私は「人生に意味はない」と言うし、「幸福とは何か」に答えはない、と言う。それは、世界で一番美味しい料理が存在しないこと、世界で一番幸せな人間が存在しないことと同じである。

とはいえ、そういう山内形而上学についていくと、論文が書けなくなる。ラーメンが何であるかと言われれば、世間一般にラーメンと認められているものでよいわけで、論文についても、世間一般で「論文」として認められればよいのである。したがって、論文の本質を知るよりも、その「形式」が大事なのだ。これが論文作法のキモなのである。

論文のフォーマットや形式はかなりさまざまであるが、論文の材料がある程度揃ってくれば、その形式に収めていけばよい。『料理の鉄人』というブームを巻き起こしたテレビ番組があった。決まった材料が与えられれば、それで作れる料理も限定されるから、料理に進むこともできる。

論文を書くように指定された学生は、料理する材料も決まっておらず、自分で材料を決めなさい、料理法も自分で学びなさい、洋風にするか中華風にするか和風にするかエスニック風にするか、それも自分で決めて、自分で学びなさい、と言われているようなものだ。デパ地下の食料品売り場に行って、ここで売っている材料だったら何でも作っていいよ、君の好きな料理を作りなさい、と言われたら普通は悩む。「イカバター焼き」にしか関心のない人間（私か？）だったら、迷わないけれど、普通は悩む。ま、考えてみれば、専門家というのは、デパ地下食料品売り場でいつも「イカバター焼き」の材料だけ探して、毎日毎日その料理（料理かな？）を作り続けることに似ている。

何を食べたいのか、それはいろいろな料理を食べてみなければ分からない。貧乏学生でカップラーメンぐらいしか食べるものが選べない者に、美味しいフランス料理を作りなさいと命じて何になる！　フランス料理の基本とレシピ本を渡しても、美味しい料理を作れるはずがない。私も同じだったのだ。美味しい料理を普段から食べていれば美味しい料理を作るのは簡単すぎてへそが茶を沸かすほどである。

まずは何か美味しい料理を食べてみて、それを真似てでもよいから作ってみて、味わってもらって、初めてにしては上手にできたね、そう言ってもらうことが大事なのだ。哲学の論文だって、そこまで面白いのは滅多にないけれど、面白いテキストや論文は読み切れないほどたくさんあるのです。

ともかくも、この本を読んで論文の練習を重ねれば、パスタを作ってね、と言われてかけそばを出してしまうことはなくなるのである。

今回新版を出す機会をいただいた。『ぎりぎり合格』の刊行後、ずいぶんパクられて、いろいろなところに登場していた。論文らしくするための言い換え集というのは、いまでもネット上で流布している。現在でも役に立っているということらしい。
今回新版を出すにあたり、進藤倫太郎さんに担当していただいた。いまだに人差し指二本打法で入力するので、誤字脱字が多いのである（自慢してもいいぐらいだ）。ちゃんと直してくれました。締め切りも「ぎりぎり」で提出です。すいません。ともかくも、読者の皆様、論文を書いてみてください。きっと、いやもしかしたら新しい人生の姿が見えてくるかもしれません。

山内志朗

『ぎりぎり合格への論文マニュアル』刊行二〇周年を記念して
二〇二一年　一〇月九日

【著者】
山内志朗（やまうちしろう）
1957年山形県生まれ。東京大学大学院博士課程単位取得退学。新潟大学人文学部教授を経て慶應義塾大学文学部教授。専攻は哲学。著書に『天使の記号学』『存在の一義性を求めて――ドゥンス・スコトゥスと13世紀の〈知〉の革命』（以上、岩波書店）、『ライプニッツ――なぜ私は世界にひとりしかいないのか』『〈つまずき〉のなかの哲学』（以上、日本放送出版協会）、『普遍論争――近代の源流としての』（平凡社ライブラリー）など多数。共編著に『世界哲学史（全8巻、別巻1）』（ちくま新書）などがある。

平凡社新書991

新版 ぎりぎり合格への論文マニュアル

発行日――2021年11月15日　初版第1刷

著者――山内志朗
発行者――下中美都
発行所――株式会社平凡社
東京都千代田区神田神保町3-29　〒101-0051
電話　東京（03）3230-6580［編集］
東京（03）3230-6573［営業］
振替　00180-0-29639
印刷・製本―株式会社東京印書館
DTP――株式会社平凡社地図出版
装幀――菊地信義

ISBN978-4-582-85991-1
NDC 分類番号816.5　新書判（17.2cm）　総ページ256
平凡社ホームページ　https://www.heibonsha.co.jp/

平凡社新書　好評既刊！

702 慶應幼稚舎の流儀　歌代幸子
ベールに包まれた理想の一貫教育。卒業生や関係者の声を通じその真髄に迫る。

810 哲学者クロサキの 哲学超入門　黒崎政男
古典文化、現代のネット社会からカントまで。人気の哲学ラジオ講義が一冊の本に。

856 漢字とカタカナとひらがな　日本語表記の歴史　今野真二
複数の文字をもつ日本語は、いつ、どんな言葉を、どんな文字で書いてきたか。

879 自分史のすすめ　未来を生きるための文章術　小池新
自分だけの物語を書いてみよう。通信社の元編集委員が伝える自分史の手引き。

913 人類の起源、宗教の誕生　ホモ・サピエンスの「信じる心」が生まれたとき　山極寿一　小原克博
霊長類学者と宗教学者が闘わせる最新の議論。人類史における宗教の存在に迫る。

922 文学に描かれた「橋」　詩歌・小説・絵画を読む　磯辺勝
文学を通して、人々が抱く橋への想いや、人と橋との深いかかわり合いを描く。

924 日本人は本当に無宗教なのか　礫川全次
日本人は「無宗教」と言われるが、本当にそうか。日本人の宗教意識を読み解く。

927 今を生きるための仏教100話　植木雅俊
ブッダは何を問いかけたのか⁉　考えるヒントに満ちた思想としての仏教入門。

平凡社新書　好評既刊！

935 日本語の連続／不連続 百年前の「かきことば」を読む 今野真二
一九二〇年前後の雑誌や辞書を通して、今に至る日本語の連続・不連続性を探る。

939 宗教は現代人を救えるか 仏教の視点、キリスト教の思考 佐々木閑 小原克博
二大宗教の実力研究者による対談。ＩＴ社会と宗教など最新の社会的課題を語る。

940 地図とデータでみる都道府県と市町村の成り立ち 齊藤忠光
いかにしてこの国の行政区画は成立したか。ふんだんな地図とデータで読み解く。

943 教育現場は困ってる 薄っぺらな大人をつくる実学志向 榎本博明
教育界の現状や教育改革の矛盾を指摘し、学校教育のあり方に警鐘を鳴らす。

944 日本マンガ全史 「鳥獣戯画」から「鬼滅の刃」まで 澤村修治
マンガは日本大衆文化のシンボルだ。戦前から現在までの主要作家・作品を紹介。

952 美意識を磨く オークション・スペシャリストが教えるアートの見方 山口桂
現代美術作家・杉本博司氏推薦！　美意識を養うアートを見る眼のつくり方。

960 みんなの民俗学 ヴァナキュラーってなんだ？ 島村恭則
Ｂ級グルメや大学の七不思議など、身近な日常を現代民俗学の視点で掘り下げる。

964 古典籍の世界を旅する お宝発掘の目利きの力 八木正自
奈良時代まで遡る、貴重な日本の古典籍入手までの数々のエピソードを紹介する。